www.vulkani.rs
office@vulkani.rs

Naziv originala:
Toshikazu Kawaguchi
BEFORE THE COFFEE GETS COLD

ISBN 978-86-10-04412-6

ČUVAMO PRIRODU

Ova knjiga štampana je na prirodnom recikliranom papiru od drveća koje raste u održivim šumama. Proces proizvodnje u potpunosti je u skladu sa svim važećim propisima Ministarstva životne sredine i prostornog planiranja Republike Srbije.

TOŠIKAZU KAVAGUČI

Dok se kafa ne ohladi

Prevela Slađana Kuzeljević

VULKAN
IZDAVAŠTVO
Beograd, 2022.

Kada biste mogli da se vratite u prošlost,
koga biste želeli da vidite?

UVOD

U Japanu, jedan sasvim poseban kafić postoji više od sto godina i za njega se vezuje na hiljadu legendi. Priča se da kad jednom uđete u njega, nikad ne izađete isti. Priča se da dok pijete kafu, možete ponovo proživeti trenutak iz sopstvenog života, onaj kada ste doneli pogrešnu odluku, kada ste izgovorili reč koja bolje da je ostala neizrečena, kada ste određenoj osobi dopustili da napusti vaš život, a nije moralo da bude tako. Priča se da je dovoljno da uradite samo jednu stvar i tako sve promenite.

Međutim, postoji jedno pravilo koje se mora poštovati, najbitnije od svih, a to je da kafa mora u potpunosti da se popije pre nego što se ohladi. Nemaju svi hrabrosti da uđu u kafić, ali nađe se i poneko ko se odvaži na to da ipak izazove sudbinu i otkrije šta se može desiti. Poneko i sme da sedne na stoličicu sa šoljicom vrele kafe koja se puši pred njim. Svako od njih za nečim žali. Svakog od njih progoni neka bolna uspomena. Ali svi otkrivaju da prošlost nije bitna, jer se ne može promeniti. Bitna je sadašnjost koju imamo u svojim rukama, trenutak kad se donosi odluka i mogućnost da bude ispravno donesena.

Život, kao i kafa, ispija se gutljaj po gutljaj, dok se svaki trenutak u potpunosti ne koristi.

1.

ZALJUBLJENI

„Jao, strašno! Da li je moguće da je već ovako kasno? Molim te izvini, ali trebalo bi da krenem“, promrmljao je muškarac zbunjeno, dok je ustajao da uzme torbu.

„Ha?!“, žena je odgovorila na to, gledajući ga u neverici.

Nije ga čula da pominje raskid, a ipak ju je pozvao da izađu – nakon dve godine koliko su bili zajedno – kako bi razgovarali o *nečemu bitnom*. I sada joj je, tek tako, saopštavao da se zbog posla seli u Ameriku. Trebalo je uskoro da krene, kroz samo nekoliko sati. Nije čula konkretno izgovorene reči, ali je stvar bila vrlo jasna, da je to *nešto bitno* o čemu je trebalo da razgovaraju bio njihov raskid. Očigledno je bila ogromna greška pomisliti – štaviše nadati se – da će to *nešto bitno* biti „Želiš li da se udaš za mene?“

„Šta ti je?“, odsečno joj je odgovorio izbegavajući njen pogled.

„Da možda ne zaslužujem neko objašnjenje?“, upitala ga je.

Žena je imala inkvizitorski ton, što se čoveku nimalo nije svidelo. Bili su u kafiću koji se nalazio u podrumu, bez prozora, tako da je sva svetlost dolazila od šest lustera sa abažurima koji su visili sa plafona, dok je samo jedan bio zakačen na zidu kod ulaznih vrata. Nijansa crvenkastosmeđe boje dominirala je u lokalu. Bez sata bilo je nemoguće odrediti da li je dan ili noć.

Na zidu kafića bila su tri ogromna starinska sata, ali su sve kazaljke na njima pokazivale različito vreme. Da li je to bilo namerno tako ili su jednostavno bili pokvareni? Pri prvom dolasku u kafić, gostima to nikad ne bi bilo jasno, i bili bi bez izuzetka primorani da gledaju u sopstveni sat. Čovek je uradio isto. Dok je proveravao vreme na svom satu, počeo je da češka desnu obrvu, blago isturivši donju usnu. Prizor koji je za ženu bio nesnosan.

„Zašto praviš taj izraz lica? Kao da sam jedina kojoj je teško!“, prasnu ona.

„Ne mislim tako“, postiđeno joj se pravdao.

„Nego šta nego misliš!“, nije odustajala.

Još više isturajući usnu, izbegao je njen pogled i nije joj odgovorio.

Taj pasivni stav izveo ju je iz takta.

„Baš želiš da ja to kažem, zar ne?“

Žena je ispila svoju kafu, koja je odavno izgubila svu toplotu. Kako je i taj najbolji deo susreta nestao, još više je potonula.

Čovek se vratio svom gledanju u sat i računanju koliko je još vremena ostalo do polaska. Morao je što pre da krene. Ne uspevši ništa da izusti, vratio se češkanju obrve.

Ženi je veoma smetalo to njegovo motrenje svakog minuta koji bi prošao, te je naglo tresnula šoljicom o tacnu, prouzrokujući jedno zvučno *cing*!

Taj iznenadi udarac ga je dočekao nespremnog. Njegovi prsti, do tog momenta zaokupljeni češkanjem desne obrve, počeli su da se igraju kosom. Ali je onda, nakon kratkog i dubokog uzdaha, ponovo seo i pogledao je pravo u oči. U trenu je njegov pogled izgledao tako smiren. Zapravo, toliko brzo se izmenio da je ona ostala bez reči. Pognula je glavu i zagledala se u svoje ruke spuštene u krilu.

Čovek koji je toliko brinuo o vremenu nije čekao da ona podigne pogled, već je odmah počeo: „Okej, slušaj…“

U tom momentu zvučao je smireno i rešeno. Zamuckivanju više nije bilo ni traga.

Međutim, kao da je želela da ga saseče u korenu, da zaustavi te reči koje bi čula, prekinula ga je: „Zašto sada samo ne odeš?“ Nije ni podigla pogled.

Ona, koja je malopre toliko želela objašnjenje, sada je odbijala da ga čuje. On je ostao nepomično da sedi, kao da je i vreme stalo.

„Zar ne treba da ideš?“, pitala ga je mrzovoljnim tonom, skoro detinjastim.

Gledao ju je zbunjeno kao da nije razumeo šta mu govori.

Kada je čula svoj mrzovoljni, detinjasti ton, skrenula je pogled i postiđeno se ugrizla za usnu.

Ustao je i okrenuo se ka konobarici koja je stajala iza šanka.

„Izvinite, hteo bih da platim“, obratio joj se slabašnim glasom.

Pokušao je da uzme račun, ali je ženina ruka bila brža.

„Želim da ostanem još malo… zato ću ja platiti“, želela je da mu kaže, ali joj je laganim pokretom uzeo račun iz ruke i uputio se ka kasi.

„Ja plaćam, hvala.“

„Daj, neka, ja ću.“

Ne mrdajući sa stolice, žena je pružila ruku ka njemu, ali je on nije ni pogledao i iz novčanika je izvukao novčanicu od hiljadu jena.

„Zadržite kusur“, rekao je konobarici pružajući joj novčanicu.

Potom se na delić sekunde tužnog pogleda okrenuo ka ženi, uzeo torbu i otišao.

Ding-dong

„I to se desilo pre nedelju dana“, govorila je Fumiko Kijokava uzdišući.

Podbočila se na sto telom omlitavelim poput izduvanog balona, nekim čudom izbegavši da prospe kafu koju je imala pred sobom.

Konobarica i gošća koja je sedela za šankom, slušajući njenu priču, razmenile su pogled.

Još u gimnaziji, Fumiko je savladala čak šest jezika. Nakon diplomiranja na Univerzitetu Vaseda, kao najbolja u klasi, pronašla je posao u jednoj velikoj kompaniji koja se bavi medicinskom informatikom i samo nakon nekoliko godina postala zadužena za vođenje brojnih projekata. Bila je slika i prilika sposobne žene, posvećene karijeri.

Fumiko je danas nosila sasvim uobičajeni autfit za posao: belu košulju, crnu suknju i sako. Po njenom izgledu, reklo bi se da se vraćala kući s posla.

Fumiko je bila lepša od proseka, blagih crta lica, lepo oblikovanih usana i držanja pop dive. Sjajna kosa, ošišana do ušiju, uokvirivala joj je lice poput blistajućeg oreola. I bez obzira na veoma diskretnu garderobu, njena je izuzetna figura već na prvi pogled dolazila do izražaja. Iako nije bila model za neki poznati časopis, njena lepota mamila je svima poglede. Da, ona je bila žena koja je imala i lepotu i pamet, ali da li je ona toga bila svesna, to je već druga stvar.

Fumiko nekada nije trošila vreme na te stvari i živela je samo za posao. Naravno, to ne znači da nije imala prilike, samo je muškarci jednostavno nisu toliko privlačili kao posao. „Moj voljeni je moj posao", uvek bi ponavljala odbijajući obletanje gomile muškaraca, kao da briše prašinu s ramena.

Čovek o kome je pričala zvao se Goro Katada i bio je sistemski inženjer. Kao i Fumiko, i on je radio u jednoj medicinskoj kompaniji, premda ne toliko poznatoj. Mlađi od nje tri godine, Goro je bio njen momak, da, *bio*. Upoznali su se dve godine ranije zahvaljujući klijentu za kog su zajedno pratili jedan projekat.

Pre nedelju dana ju je zamolio da se vide kako bi pričali o *nečemu bitnom*. Ona se na tom sastanku pojavila u elegantnoj bledoroze haljini, laganom prolećnom ogrtaču i belim cipelama na štiklu, privukavši tako pažnju svih muškaraca kraj kojih je prošla. Bio je to novi izgled za Fumiko, jer je pre veze sa Gorom bila fokusirana isključivo na posao i nije posedovala drugačiju garderobu osim odela za kancelariju. I na sve dotadašnje sastanke sa njim, nosila je samo odela, izuzev tog dana. Ali ranije bi se skoro uvek viđali odmah nakon radnog vremena.

Goro je rekao da treba da razgovaraju *o nečemu bitnom*, i Fumiko je to razumela kao *o nečemu posebnom*, te je zato požurila da kupi posebnu haljinicu kako bi bila spremna za tu priliku.

Kad su stigli do kafića u koji su želeli da sednu, u izlogu su ugledali natpis *Zatvoreno*. Fumiko i Goro su se razočarali s obzirom na to da je baš taj kafić sa svojim separeima nudio idealnu privatnost za razgovor *o nečemu bitnom*.

Ne mogavši da urade ništa drugo do da potraže drugo prikladnom mesto, ugledali su omanji natpis u sporednoj uličici. Kako se kafić nalazio u podrumu, nije se moglo videti kakav je iznutra, ali je Fumiko privuklo ime, uzeto iz teksta pesme koju je kao mala uvek pevala, te su tako odlučili da uđu.

Fumiko se pokajala čim je kročila unutra. Bio je mnogo manji nego što je mislila, toliko mali da je bilo dovoljno devetoro ljudi da lokal bude popunjen – tri barske stolice za barom i tri stočića za po dvoje.

Osim ako *to nešto bitno* ne bi bilo prošaputano, svi prisutni bi u istom trenutku saznali o čemu je reč. Druga negativna strana bila je crvenkastosmeđa svetlost koja se probijala kroz abažure lustera... Ne, to mesto joj se uopšte nije dopadalo.

„Mesto za prodaju sumnjive robe...", bio je to prvi Fumikoin utisak dok se nervozno kretala ka jedinom slobodnom stočiću i sedala za njega. U tom trenutku u kafiću su bila još tri gosta i konobarica. Za najudaljenijim stolom sedela je žena u haljini sa kratkim rukavima i čitala knjigu. Za stolom koji je bio najbliži ulazu, sedeo je jedan čovek, prosečnog izgleda, sa otvorenim turističkim časopisom pred sobom i sveščicom u koju je pisao beleške. Žena za šankom nosila je jarkocrvenu košulju i zelene helanke. Kimono ogrtač bez rukava visio je okačen o naslon barske stolice, a na glavi su joj bili vikleri. Uputila je Fumiko kratak pogled smešeći se. Više puta tokom razgovora koji su vodili Fumiko i Goro, ova žena bi komentarisala nešto sa konobaricom i oteo bi joj se pokoji promukli smešak.

Nakon što je čula Fumikoino objašnjenje, žena sa viklerima je rekla: „Da, da, razumem..." Zapravo nije imala *blage veze*, već je samo pokušavala da dâ što adekvatniji odgovor. Njeno ime bilo je

Hiraj Jaeko. Bila je stalni gost, imala je nešto malo više od trideset godina i vodila je snek-bar tu u blizini, ili bolje rečeno mali hostes-klub. Uvek pre svoje smene svraćala bi u kafić da popije kafu. Čak je i tog dana imala viklere na glavi, ali je tog puta nosila kratki žuti top, jarkocrvenu mini-suknju i svetloljubičaste helanke. Hiraj je slušala Fumiko sedeći za šankom prekrštenih nogu.

„Prošlo je nedelju dana, sećate se, zar ne?“, Fumiko je rekla ustavši i okrenuvši se ka konobarici u šanku.

„Da, da, naravno...“, odgovorila joj je žena pomalo s nelagodom, ne gledajući Fumiko u oči.

Konobarica se zvala Kazu Tokita i bila je rođaka vlasnika koja je tu radila kako bi zaradila za svoje studije na Univerzitetu lepih umetnosti. Bila je prilično slatka devojka, veoma svetlog tena, sićušnih bademastih očiju, ali sve u svemu nikakve vanserijske lepote. Onaj tip lica koji odmah zaboraviš čim prođeš dalje, jednom rečju: beznačajan. Nije plenila nikakvom harizmom, a osim toga nije imala ni mnogo prijatelja. Da se razumemo, njoj to nije smetalo: Kazu je bila tip osobe koji međuljudske odnose smatra dosadnim.

„I... šta je na kraju bilo s njim? Gde je on sad?“, upitala je Hiraj odsutno, igrajući se šoljicom.

„U Americi“, odgovorila joj je Fumiko glasno uzdahnuvši.

„I tako je tvoj momak odabrao posao, zar ne?“, Hiraj je imala dar da postavi pitanje koje cilja direktno u srž problema.

„Ne, nije tako!“, usprotivila se Fumiko.

„O, da, tako je! Zar nisi rekla da je otišao u Ameriku?“, bila je uporna Hiraj. Za nju je Fumiko bila neka vrsta misterije.

„Zar nisi razumela šta sam rekla?“, sa žestinom joj je uzvratila Fumiko.

„Šta tačno?“

„Želela sam da mu viknem: *Nemoj da ideš!*, ali me je ponos sprečio.“

„Nema mnogo žena koje bi to priznale!“, odgovorila joj je Hiraj kratko se zakikotavši, uz to se oslanjajući na naslon stolice, zbog čega je izgubila ravnotežu i zamalo pala.

Fumiko se nije obazirala na njenu reakciju, već se obratila Kazu, tražeći podršku: „Ti me razumeš, zar ne?“

Kazu se za trenutak napravila kao da se udubila u tematiku i upitala je: „Sve u svemu, želiš da kažeš da nisi želela da on ode u Ameriku, jelda?“

I Kazu je volela da puca direktno u centar.

„Ovaj, sve u svemu, mislim da... ne, nisam želela. Ali...“

„Hm, nisi tip osobe koji je lako razumeti“, ironično je zaključila Kazu, videvši da se Fumiko muči da odgovori.

Da je bila na Fumikoinom mestu, Hiraj bi briznula u plač.

„Ne idi!“, vrisnula bi. Naravno, to bi bile krokodilske suze, lažne i proračunate, jer suze su tajno oružje žena. To bi bila filozofija kojom bi se Hiraj vodila.

Fumiko je caklećim očima nastavila da gleda u Kazu, koja je stajala u šanku. „Želim da me na bilo koji način vratiš u taj dan...

sedam dana unazad!", preklinjala ju je, kao da je to najnormalnija molba na svetu.

Hiraj joj je prva odgovorila na taj apsurdni zahtev: „Nazad u vreme, kaže..." Potom je pogledala Kazu u nedoumici.

„Oh", promucala je Kazu s nelagodom, ne rekavši ništa više.

Prošlo je nekoliko godina od kada je urbana legenda o putovanju kroz vreme držala ovaj kafić u centru pažnje. Slabo zainteresovana za priče tog tipa, Fumiko je u potpunosti zaboravila na to i nedelju dana ranije ušetala baš u taj kafić, pukim slučajem. Ali veče pre nego što će ponovo otići u kafić, gledala je televizijski program u kom je voditelj pričao o „urbanim legendama". U tom trenutku sinula joj je ideja i odjednom se setila priče o poznatom kafiću. *Kafić koji vas vodi nazad kroz vreme.* Sećanje nije bilo baš najjasnije, ali joj se u pamćenje urezala upravo ova rečenica.

„Ako bih mogla da se vratim unazad kroz vreme, možda bih mogla da sredim sve kako valja. Mogla bih ponovo da razgovaram sa Gorom", toliko je puta ponovila ovu nesvakidašnju želju da joj je to na kraju postala opsesija i izgubila je sposobnost da donosi razumne odluke.

Sledećeg jutra otišla je na posao, u potpunosti zaboravivši da treba da doručkuje. U tom trenutku razmišljala je o svemu samo ne o poslu. Sedela je za kancelarijskim stolom opsesivno razmišljajući o protoku vremena: „Želim samo da budem skroz sigurna." Želela je da otkloni svaku sumnju i to što pre, bez gubljenja i sekunde vremena.

Radni dan joj se pretvorio u čitav niz pravljenja grešaka i manjka koncentracije. Nivo pažnje joj je bio toliko nizak da ju je kolega upitao da li se oseća dobro. Tokom večeri je u potpunosti dotakla dno.

Od kancelarije do kafića trebalo joj je pola sata, a od stanice metroa ostatak puta prešla je trčeći. Ušavši u kafić sva zadihana, uputila se pravo ka Kazu.

„Molim te, vrati me u prošlost!“, preklinjala ju je, ne ostavivši joj vremena ni da joj kaže: „Dobar dan, dobro došli.“

Još neko vreme ju je držala ta euforija dok je objašnjavala svoje razloge za povratak u prošlost. Sada se, nakon reakcije dve žene, osećala pomalo neprijatno.

Hiraj ju je gledala sa osmehom urezanim na licu, dok je Kazu delovala ravnodušno skrenuvši pogled na drugu stranu.

Da je ta priča o putovanju kroz vreme bila istinita, to bi mesto vrvelo od ljudi, a zapravo su jedini gosti koji su ga posećivali bili žena u beloj haljini, čovek sa magazinom o putovanjima, Hiraj i Kazu, iste one osobe koje su bile tu i pre nedelju dana.

„Moguće je vratiti se kroz vreme, zar ne?“ pitala je, sve više crveneći.

Možda je bilo pametnije da započne razgovor s tim pitanjem, ali već je bilo kasno.

„Dakle, može ili ne može?“, ponovila je pitanje gledajući direktno u oči Kazu koja je stajala nepomično iza šanka.

„Hm, pa…“, odgovorila joj je Kazu.

Fumikoine oči ponovo su se zažarile od uzbuđenja. Ne bi prihvatila negativan odgovor.

„Molim te, vrati me unazad!“

Njen nastup i ton bili su toliko energični da je delovalo da želi da preskoči šank.

„Zašto želiš da se vratiš u prošlost?“, hladno ju je upitala Hiraj, otpivši gutljaj svoje već mlake kafe.

„Želim da ispravim nešto“, rekla je Fumiko veoma ozbiljnog izraza lica.

„Razumem…“, odvratila je Hiraj slegnuvši ramenima.

„Molim te!“, bila je uporna Fumiko, podižući ton. Molba je odjeknula unutar kafića.

Odskora joj se javila ideja da se uda za Gora. Imala je već dvadeset osam godina i njeni roditelji, koji su živeli u Hakodateu, stalno su je pitali: „Kad misliš da zasnuješ porodicu? Zar nisi upoznala nekog dobrog momka za koga bi mogla da se udaš?“ I tako ukrug. Pritisak je postao još veći od kada joj se pre godinu dana udala dvadesetpetogodišnja sestra, te su joj od tada slali najmanje po jedan imejl sedmično. Fumiko je imala i brata od dvadeset tri godine, koji se oženio devojkom iz njihovog grada nakon što je zatrudnela. I tako je ona ostala jedina singl.

Fumiko nije nigde žurila, ali nakon venčanja mlađe sestre počela je drugačije da razmišlja i polako je usadila sebi u glavu da možda ne bi bila loša ideja da se uda za Gora.

Hiraj je izvukla cigaretu iz svog leopardastog nesesera.

„Kazu, možda bi mogla da joj malo bolje objasniš kako stvari funkcionišu, šta misliš?“, sugerisala je konobarici dok je palila cigaretu, kao da se radi o nekakvim poslovnim stvarima.

„Da, čini mi se da bi trebalo“, odgovorila joj je Kazu svojim ravnodušnim tonom, obilazeći oko šanka ne bi li sela naspram Fumiko.

Zagledala se u nju nežnim pogledom, kao da pred sobom ima devojčicu u suzama koju je trebalo utešiti.

„Čuj, sad želim da me slušaš, i to da me pažljivo slušaš, važi?“

„Važi“, Fumiko se ukipila.

„Možeš da se vratiš u prošlost, to je istina… Možeš da se vratiš unazad, ali…“

„Ali?“

„Šta god da učiniš, sadašnjost se neće promeniti.“

„Sadašnjost se neće promeniti“, Fumiko nije očekivala takav odgovor i nije mogla da ga prihvati. „Ha?“, otelo joj se bez razmišljanja.

Kazu joj ponovo objasni podjednako smirenim tonom kao i malopre: „Čak i da se vratiš u prošlost i kažeš šta osećaš tvom… mmm… dečku koji je otišao u Ameriku…“

„Čak i ako mu kažem šta osećam?“

„Sadašnjost se svakako neće promeniti.“

„Molim?“, Fumiko je prekrila uši.

Ali Kazu se pravila luda i ponovila joj je reči koje je najmanje na svetu želela da čuje: „To neće promeniti činjenicu da je otišao u Ameriku.“

Fumiko je počela da drhti.

Ali Kazu je bezobzirno, ne hajući za njena osećanja, nastavljala da objašnjava: „Čak i da se vratiš u prošlost i otkriješ mu svoja osećanja, i kažeš mu da ne ide, sadašnjost se neće promeniti."

Fumiko je impulsivno odreagovala na teške i ledene reči koje je izgovarala Kazu: „To mi zvuči pomalo nelogično, zar ne?", zvučala je donekle izazivački.

„Hej, hej… polako… za lošu vest nije kriv onaj koji je donosi", izjavi Hiraj povukavši još jedan dim. Nije je iznenadila Fumikoina reakcija.

„A može li se znati zašto?", upitala ju je Fumiko preklinjućim pogledom.

„Zašto? Sada ću ti reći zašto", odgovorila joj je Kazu i dodala: „Zato što je takvo pravilo. U stvarnosti, u svakom naučnofantastičnom filmu ili knjizi, pravilo glasi: *Nikada se ne mešaj u događaj koji može promeniti sadašnjost.* Jer, na primer, da se vratimo u prošlost i da sprečimo naše roditelje da se venčaju ili upoznaju, poništili bismo i okolnosti koje su dovele do našeg rođenja i naše trenutno JA bi nestalo."

Međutim, Fumiko je duboko verovala u pravilo koje je važilo u svim knjigama o putovanju kroz vreme koje je pročitala, a to je: *Ako promeniš prošlost, promenićeš i sadašnjost.* Zbog toga je po svaku cenu želela da se vrati u prošlost i tako dobije priliku da iz korena promeni stvari. Nažalost, sad je izgledalo da je to san koji se teško može ostvariti.

Zahtevala je da joj objasne na neki ubedljiviji način zašto uopšte postoji tako apsurdno pravilo: da li stvarno ne postoji neki način da se promeni sadašnjost vraćanjem u prošlost? Jedino objašnjenje koje joj je Kazu davala jeste: „Zato što je takvo pravilo." Da je nije možda lagala kako bi prikrila pravi razlog? Ili je posredi stvarno bilo nešto tako kompleksno da nije umela da joj objasni? Ili možda ni ona sama nije znala pravi razlog, kao što je njeno ravnodušno lice pomalo odavalo utisak?

Izgledalo je kao da Hiraj skoro pa uživa u ovoj sceni. „Kakva nesreća!", rekla je izdišući oblačić dima, očigledno zadovoljna.

Od početka je imala u glavi tu rečenicu, od trenutka kad je Fumiko počela da objašnjava svoj problem, samo je strpljivo čekala trenutak da je izgovori.

„Ali... zašto?", reče Fumiko osećajući da joj energija napušta telo. Dok je bezvoljno sedala na stolicu, prisetila se nečega. Nekad je pročitala članak o tom kafiću u jednom časopisu. Naslov je glasio *Otkrivena istina o „Kafiću putovanja kroz vreme" poznatom po urbanoj legendi.*

Suština članka bila je sledeća.

Kafić je postao poznat, svakog dana sa dugim redovima ispred, zahvaljujući priči o putovanju kroz vreme. Ipak, zbog strogih pravila koja su morala da se poštuju, bilo je nemoguće pronaći nekoga ko je zaista uspeo da se vrati u prošlost. Prvo pravilo bilo je: *Jednom kad se vratiš u prošlost, moći ćeš da sretneš samo osobe koje su bile u lokalu.* Već su na tom koraku mnogi odustajali i gubili volju da se upuste u putovanje. Drugo pravilo bilo je: *Jednom kad se vratiš u prošlost, ne možeš uraditi ništa da promeniš sadašnjost.* Hiljadu puta se postavljalo pitanje zašto uopšte postoji takvo pravilo, ali jedini odgovor koji su vlasnici davali jeste da ne znaju.

Kako autor članka nije uspeo da pronađe nikoga ko se zaista vratio u prošlost, ovo pitanje je ostalo misterija. Čak i da se pretpostavi da je moguće takvo putovanje kroz vreme, nemogućnost da se sadašnjost promeni činila je ceo poduhvat besmislenim.

Članak se završavao rečima da je zasigurno u pitanju interesantna urbana legenda, ali da nikad nije potkrepljeno da postoji s razlogom. U postskriptumu pisalo je da ima još pravila koja treba ispoštovati, ali da se ne zna tačno koja.

Fumiko se vratila u sadašnji trenutak.

Hiraj je sedela ispred nje i veselo nabrajala ostala pravila. Teške glave oslonjene na dlanove ruku koje je držala na stolu, Fumiko je privukla pažnju posudica za sitan šećer, pa se zapitala zašto u tom lokalu ne koriste šećer u kocki. Zatim je ostala da čeka, ćuteći.

„Ali tu nije kraj sa pravilima. Sedeći na samo jednoj stolici, možeš da se vratiš nazad u prošlost. I dok si u prošlosti, ne možeš da se pomeraš sa *te* stolice“, objašnjavala joj je Hiraj.

„Šta ono još beše ima?“, upitala je Kazu, brojeći na prste.

„I vreme je ograničeno“, odgovorila je Kazu pogleda uprtog u čašu koju je glancala. To je izgovorila tako tiho kao da je rekla za sebe.

Fumiko je odmah podigla glavu i upitala: „Vreme je ograničeno?“

Kazu joj se kratko nasmešila i potvrdno klimnula.

Hiraj lupnu rukom o sto i reče skoro pa zabavljajući se: „Iskreno, nakon što ljudi čuju sva ta pravila, na kraju ni ne žele da se vrate nazad u prošlost." Štaviše, veoma je uživala u posmatranju Fumikoinih reakcija. „Već dugo ovde nije svraćao nijedan gost koji je toliko poput tebe bio ubeđen u to da želi da se vrati u prošlost", dodala je Hiraj.

„Hiraj...", prekorno joj je rekla Kazu.

„U životu nije sve kako ti hoćeš, znaš? Zašto ne odustaneš od toga i gotovo?", Hiraj je bila spremna da nastavi sa očitavanjem bukvice.

„Hiraj!", ponovila joj je Kazu, ovog puta energičnije.

„Ne, ne, bolje je odmah raščistiti stvari, zar ne?", reče Hiraj i glasno se zasmeja.

Te reči su bile previše za Fumiko. Malaksala je i ponovo klonula za stolom.

Zatim se sa drugog kraja lokala začuo glas: „Mogu li da dobijem još kafe?" Bio je to čovek koji je sedeo za stolom najbližem ulazu, sa časopisom o putovanjima otvorenim pred sobom.

„Odmah dolazim", hitro mu je odgovorila Kazu.

Ding-dong

U lokal je ušla jedna žena. Na sebi je imala bež kardigan, mint-zelenu haljinicu sa dugim rukavima i crvene patike, uz torbu od belog platna. Imala je velike okrugle svetlucave oči, poput kakve devojčice.

„Dobar dan!“, odzvonio je Kazuoin gromki glas.

„Ćao, Kazu.“

„*Sis*, divno što si došla!“

Kazu ju je zvala *sis*, „sestra“, ali je ona zapravo bila supruga njenog rođaka i zvala se Kej Tokita.

„Ha, izgleda da su cvetovi trešnje već opali?“, rekla je Kej bez trunke tuge u glasu.

„Ah, da! Drveće je sada već potpuno golo“, odgovorila je Kazu ljubazno, ali ne s onom ljubaznošću od malopre, kada je razgovarala sa Fumiko. Sada je zvučala još nežnije, poput golubice.

„Ćao“, javila se Hiraj vraćajući se za šank, odjednom ravnodušna prema nezgodama koje su zadesile sirotu Fumiko. „Gde si bila?“

„U bolnici.“

„Zašto? Neka kontrola?“

„Da.“

„Danas lepo izgledaš.“

„Da, osećam se dobro.“

Primetivši da Fumiko bezvoljno sedi za stolom, Kej ju je zbunjeno posmatrala, a onda joj je Hiraj odmahnula glavom. Trenutak kasnije, Kej je već nestala u prostoriji iza šanka.

Ding-dong

Ubrzo se na vratima kafića pojavio jedan čovek. Pognuo je glavu kako ne bi udario u dovratak. Na sebi je imao laganu jaknu ispod koje se videla kuvarska uniforma, bela košulja i crne pantalone. U desnoj ruci držao je veliki svežanj ključeva koji su zveckali. Bio je to Nagare Tokita, vlasnik kafića.

„Dobar dan!“, požurila je Kazu da ga pozdravi.

Nagare joj odgovori samo klimanjem glave i okrenu se ka čoveku s časopisom koji je sedeo za stolom najbližem ulazu.

Kazu je ušla u kuhinju da naspe još kafe u praznu šoljicu koju joj je pružala Hiraj, koja je sada bila oslonjena laktom o šank i ćutala, pogleda prikovanog za Nagarea.

Nagare je stajao ispred čoveka duboko zadubljenog u čitanje časopisa.

„Fusagi“, obratio mu se Nagare ljubazno.

Na trenutak, čovek koji se zvao Fusagi nije odreagovao, kao da nije ni primetio da neko izgovara njegovo ime. Potom je polako podigao glavu i pogledao Nagarea.

Nagare mu je učtivo klimnuo i pozdravio ga.

„Dobar vam dan“, odvratio mu je Fusagi praznog pogleda i vratio se čitanju časopisa. Nagare je nastavio da ga gleda.

„Kazu“, pozvao ju je Nagare.

Kazu je provirila kroz vrata kuhinje i odgovorila mu: „Šta treba?“

„Molim te, da li bi mogla da pozoveš Kotake?“

Kazu je zbunio ovaj zahtev.

„Znaš, tražila je...“, objašnjavao joj je Nagare, pogledom pokazujući na Fusagija.

Kazu najzad shvati o čemu se radi i reče: „Ah, da, naravno!“

Nakon što je dopunila šoljicu kafom, ponovo je nestala u prostoriji iza šanka kako bi obavila poziv.

Dok je ulazio u šank da uzme čašu sa police, Nagare je krajičkom oka posmatrao Fumiko kako rastočena od tuge sedi za stolom. Uzeo je iz frižidera tetrapak soka od pomorandže, nasuo sok u čašu i naiskap ga ispio.

Nagare je odneo čašu pozadi da je opere i tada je čuo kuckanje noktiju o površinu šanka. Provirio je kroz vrata kuhinje da vidi šta se dešava.

Hiraj mu je klimnula. Mokrih ruku i bez reči, Nagare joj je prišao. Hiraj se nagnula preko šanka, dok je on tražio ubrus da obriše ruke, i potom ga šapatom pitala: „Kako je prošlo?“

„Pa...“, odgovorio joj je dvosmisleno. Mogao je to biti odgovor na pitanje ili gest razočaranja što je nestalo ubrusa. Hiraj ga je još tiše upitala: „Kako su prošla testiranja?“

Nagare se počešao po nosu ništa joj ne odgovorivši.

„Loše?“, Hiraj je bila uporna, ovog puta nešto zabrinutija.

Nagare je samo stajao, bez ikakve reakcije.

„S obzirom na testiranja, doktori su odlučili da je ne zadrže u bolnici“, najzad je odlučio da joj odgovori, iako je zvučalo kao da priča za sebe.

Hiraj odahnu i reče gledajući u prostoriju pozadi u kojoj je bila Kej: „Razumem…“

Kej je od rođenja imala slabo srce i ceo život je provela po bolnicama, pa opet je bila obdarena veselom i bezbrižnom naravi, tako da je uvek svima poklanjala osmeh, čak i kada bi se loše osećala. Hiraj je to odlično znala i zbog toga je želela da prvo pita Nagarea za stanje stvari.

Nagare je konačno pronašao rolnu ubrusa i mogao je da obriše ruke.

„A kod tebe, kako kod tebe stoje stvari? Je l’ sve u redu?“, upitao je Hiraj.

Hiraj nije bila sigurna na šta misli. „Na šta misliš?“, upitala ga je razrogačenih očiju.

„Tvoja sestra često dolazi kod tebe, ili grešim?“

„Ah, da“, odgovori mu Hiraj gledajući oko sebe.

„Tvoji vode neki hotel, zar ne?“

„Da, tačno.“

Nagare nije znao sve pojedinosti situacije, ali je čuo da je, otkad je Hiraj otišla od porodice, njena sestra preuzela upravljanje hotelom.

„Tvojoj sestri mora da nije lako, da sve sama radi…“

„Ne, ona se dobro snalazi. Moja sestra je savršena za tu vrstu posla.“

„Da, ali…“

„Prošlo je dosta vremena. Ne mogu da se vratim kući sada", skratila je Hiraj priču.

Izvadila je ogroman novčanik iz leopardastog nesesera, toliko velikog da je ličio na rečnik. Novčanik je zazvečao čim je počela da pretura po kovanicama.

„Zašto ne možeš?"

„Čak i kad bih se vratila kući, ne bih bila ni od kakve pomoći", odgovorila mu je pognuvši glavu, uz poluosmeh.

„Ali..."

„Kako god, hvala na kafi, ali sad stvarno moram da krenem", prekinula ga je i ostavila na šanku nekoliko kovanica. Potom je ustala i žurno izašla, skoro bežeći od tog razgovora.

Ding-dong

Dok je skupljao novčiće koje je Hiraj ostavila, Nagare je ponovo pogledao Fumiko za stolom. Ali samo nakratko. Nije delovao previše zainteresovano za tu ženu pognute glave. Uzeo je novčiće u šaku i počeo da se igra njima.

„Hej, *bro*", pozvala ga je Kazu. Zvala ga je *bro*, ali su zapravo bili rođaci, a ne brat i sestra.

„Šta treba?"

„*Sis* te zove."

Nagare je pogledao oko sebe i rekao: „U redu, evo stižem". Novčiće je stavio Kazu u ruku.

„Kotake je rekla da odmah stiže", obavestila ga je Kazu.

Nagare klimnu i nestade u prostoriji iza.

„Ti paziš na kafu?"

„Važi", odgovorila mu je.

Jedini gosti u kafiću bili su žena sa svojom ljubavnom mukom, Fumiko, i Fusagi, koji je pisao beleške iz časopisa što je stajao otvoren pred njim. Nakon što je ubacila novčiće u kasu, Kazu je oprala šoljicu koju je ostavila Hiraj.

Jedan od tri stara sata na zidu pet puta je glasno otkucao vreme.

„Molim vas, moja kafa!", uzviknu Fusagi mahnuvši praznom šoljicom. Još uvek je čekao ono što je poručio.

„O, da… naravno!", smesta mu odgovori Kazu, otrča u kuhinju, a onda se ubrzo ponovo pojavi sa staklenim bokalom punim kafe.

„Biće dobro čak i ovako", promrmljala je Fumiko, i dalje bezvoljno oslonjena rukama o sto.

Dok je sipala kafu Fusagiju, Kazu je posmatrala Fumiko krajičkom oka.

Fumiko se u trenu uspravila i rekla: „Čak i ovako mogu. U redu i ako se ništa ne bude promenilo… Može sve da ostane kako jeste." Potom je ustala i prišla Kazu, možda i preblizu. Kazu je nežno stavljala šoljicu ispred Fusagija i iznervirano je pogledala pre nego što je načinila dva koraka unazad.

„Dobro… u redu“, reče.

Fumiko joj priđe još bliže i kaza: „Zato me vrati… u nedelju dana ranije!“

Izgledalo je kao da više nema nijednu nedoumicu. Više nije bilo ni tračka nesigurnosti u njenom govoru. Bila je u potpunosti oduševljena zbog mogućnosti da se vrati u prošlost. Nozdrve su joj podrhtavale od uzbuđenja.

„Hm… ali…“

Kako se osetila neprijatno pred iznenadnom Fumikoinom napadnošću, Kazu se povukla iza šanka skoro u potrazi za skloništem.

„Još jedno bitno pravilo“, dodala je Kazu.

„Šta? Ima još pravila?“, Fumiko ju je gledala začuđeno.

„Mogu da se sretnu samo one osobe koje su bile u ovom kafiću. Sadašnjost se ne može promeniti. Postoji samo jedna stolica koja vodi u prošlost i s nje ne može da se pomera. I tu je još ograničeno vreme“, nabrajala je Fumiko spisak pravila brojeći ih na prste i postajući sve nervoznija.

„Ovo pravilo koje ću ti sada reći možda je i najproblematičnije“, reče joj Kazu.

Fumiko je već bila dovoljno zabrinuta pravilima koja je znala, a ideja da postoji još neko novo, još *problematičnije*, pretila je da joj raspukne srce. Ugrizla se za usnu.

„U redu, ako stvari tako stoje, slušam“, zaključila je prekrstivši ruke i klimnuvši Kazu, pokazujući tako svoju rešenost.

Kazu je udahnula, kao da je htela da kaže: „Onda da počnemo“, a potom nestala u kuhinji kako bi ostavila stakleni bokal s kafom koji je držala u ruci.

Ostavši sama, Fumiko je duboko udahnula i pokušala da se usredsredi. Njena prvobitna namera bila je da se vrati u prošlost i zadrži Gora, da ga spreči da ode u Ameriku.

Da ga spreči da ode nije zvučalo dobro, ali ukoliko bi mu otkrila svoja prava osećanja, možda bi Goro odustao od ideje da ode. Ako se stvari budu odvijale u pravom smeru, možda se neće rastati. U svakom slučaju, prvobitni razlog vraćanja u prošlost bio joj je *da promeni sadašnjost*.

Međutim, ako je bilo nemoguće menjati sadašnjost, onda će Goro svakako otići i oni će raskinuti. Ipak, Fumiko je i dalje svim srcem želela da se vrati u prošlost. Htela je samo da se vrati unazad i da baci pogled. Bila je fokusirana na sam proces vraćanja u prošlost i nije mogla da iščeka da vidi taj neverovatni fenomen.

Nije znala da li će joj se to svideti ili ne. „Može biti i dobro, a može biti i loše“, ponavljala je sebi. Kada se Kazu pojavila, i dalje iza šanka, Fumiko se zaledila poput osuđenika koji čeka presudu.

„Može se vratiti nazad u vreme samo ako se sedne na određeno mesto u kafiću“, objasnila joj je. Fumiko je u trenutku upitala: „Koje mesto? Gde treba da sednem?“ Toliko je brzo okretala glavu levo-desno da se skoro čulo fijukanje vazduha.

Ne obazirući se na njenu reakciju, Kazu se okrenula i počela da gleda ženu u belom.

Fumiko je pratila njen pogled.

„Na ono mesto“, prošaputala je Kazu.

„Ono tamo? Gde sedi ona gospođa?“, šaputala je Fumiko sa druge strane šanka, pomno gledajući ženu u belom.

„Da“, kratko joj je uzvratila Kazu.

Ni ne sačekavši odgovor, Fumiko je već krenula u pravcu gospođe.

Ta žena je odavala utisak kao da ju je sreća napustila. Njena veoma bleda put, skoro providna, bila je u potpunom kontrastu s njenom dugom crnom kosom. Bilo je skoro proleće, ali i dalje je bilo sveže, a gospođa je već nosila kratke rukave i delovalo je kao da nije ponela ni jaknu.

Fumiko je počela da misli da tu nešto nije u redu, ali sigurno nije bio trenutak da se bavi tim detaljima.

„Hm, izvinite, da li biste bili raspoloženi da zamenimo mesta?“, upitala ju je, trudeći se da bude strpljiva. Bila je ubeđena da je bila ljubazna, ali joj žena ništa nije odgovorila, kao da je nije ni čula. Fumiko je bila zbunjena. Bilo je nemoguće da osoba bude toliko usredsređena na čitanje knjige da ne čuje glasove i zvukove oko sebe, ali očigledno da je ovo bio jedan od tih retkih izuzetaka.

Fumiko je bila uporna: „Izvinite? Da li me čujete?“

„...“

„Gubiš vreme", iznenadio ju je glas Kazu, koja se stvorila iza njenih leđa. Fumiko nije razumela šta hoće da joj kaže.

„Htela sam samo da zamenimo mesta. Zašto gubim vreme? Gubim vreme da je ljubazno zamolim? Čekaj. Nije valjda da postoji još neko pravilo? Treba prvo da čujem to drugo pravilo? U tom slučaju možda Kazu treba da mi kaže nešto korisnije od 'Gubiš vreme'..." To su bile misli koje su joj u tom trenutku prolazile kroz glavu, ali na kraju joj je postavila jedno jednostavno pitanje.

„Zašto?", pitala je Kazu nevino skoro kao dete. Kazu ju je pogledala pravo u oči i odgovorila ozbiljno: „Zato što je ta žena... duh." Glas joj je bio veoma ozbiljan i nije bilo sumnje da govori istinu.

Ponovo se Fumikoina glava u trenu ispunila mislima.

„Duh? Pravi duh koji zavija i stenje? Jedan od onih koji se pojavljuju tokom leta ispod žalosnih vrba? Devojka je to rekla sa takvom sigurnošću... da li sam dobro razumela? Ali koja to još reč može ličiti na reč *duh*?" Fumiko je bila preplavljena hiljadama konfuznih misli.

„Duh?"

„Da."

„Šališ se sa mnom?"

„Ne, ozbiljno, ona je duh."

Fumiko je bila potpuno pometena. Ostavljajući u potpunosti po strani diskusiju o postojanju duhova, ono što zasigurno nije mogla da prihvati bila je mogućnost da je žena u beloj haljini duh. Izgledala je previše stvarno.

„Slušaj, ja je veoma jasno…“

„… vidiš“, Kazu joj je dovršila rečenicu kao da je veoma dobro znala šta Fumiko želi da kaže.

„Ali…“, zamucala je zbunjena Fumiko.

Bez daljeg razmišljanja, pružila je ruku ka ženinom ramenu. Trenutak pre nego što ju je dotakla, Kazu je rekla: „… možeš da je dotakneš.“

Kazu je ponovo imala spreman odgovor. Fumiko je stavila ruku na ženino rame kao da želi da potvrdi da može da je pipne. Nije bilo dileme, mogla je da oseti njeno rame i tkaninu haljine koja je pokrivala njenu glatku kožu. Nije mogla da poveruje da duh može da bude takav.

Lagano je sklonila ruku, pa je onda ponovo vratila. Potom se okrenula ka Kazu kao da želi da joj kaže: Vidiš da mogu da je dotaknem? Nazivati Ovu ženu duhom je ludost!

Ali Kazu je ostala hladna i ponovila joj je: „Ona je duh.“

„Stvarno? Duh?“

Fumiko se približila gospođi i zagledala joj se pravo u lice, skoro pa nepristojno.

„Da“, odgovorila joj je Kazu bez trunke uzbuđenja.

„Ne, izvini, ali ne verujem u to.“

Da je Fumiko mogla da je vidi ali ne i dotakne, tad bi možda čak i mogla da prihvati, ali stvari nisu tako stajale. Ona je mogla da je dotakne i ova žena je imala noge, nije lebdela kao što rade ostali duhovi. Nije joj bio poznat naslov knjige koju je čitala, ali bila je to neka sasvim obična knjiga koja se može naći bilo gde. Sve ovo je u Fumiko probudilo novu misao: Nije tačno da se može vratiti u prošlost. Nije istina da te ovaj kafić može vratiti u prošlost. To je sve samo taktika da namame više gostiju. Pogledaj, na primer, samo beskonačni broj apsurdnih pravila – ona služe kao prva prepreka zbog koje će gosti odmah odustati od upuštanja u putovanje kroz vreme. Ako neko i pređe prvu prepreku, tu su druge za one goste koji insistiraju da se vrate u prošlost. Onda pričaju o duhovima kako bi ih uplašili i ubedili da odustanu od svega. Žena u belom je samo saučesnica koja se pretvara da je duh.

Fumiko nije želela da odustane.

„Samo polako, ovo je sve laž, ali nemam nameru da dozvolim da me neko prevesla ovakvom slatkom predstavicom."

Ponovo se obratila gospođi u beloj haljini, podjednako ljubaznim glasom: „Slušajte, neću sedeti dugo. Molim vas, da li bih mogla da sednem ovde na trenutak?"

Ništa se nije desilo. Žena je nastavljala neometano da čita, kao da reči uopšte nisu dopirale do nje.

Fumiko se ražestila činjenicom da je ignoriše na takav način, izgubila je strpljenje i uhvatila ženu za ruku.

„Stani! Ne smeš to da radiš!", povikala je Kazu.

„Ej, ti, prestani! Prestani da me ignorišeš!"

Fumiko je pokušala da povuče ženu sa stolice i... onda se desilo. Žena u beloj haljini je razrogačila oči i zastrašujuće je pogledala. Fumiko je osećala da joj je telo duplo teže, kao da su na nju upravo pale desetine teških prekrivača. Svetlo se pretvorilo u blag odsjaj jedne sveće, a kafeom je odzvanjao neljudski vrisak.

Ostala je paralisana. Nije bila u stanju da pomeri nijedan mišić na telu, te je tako pala na kolena, a potom se šćućurila.

„Hej! Šta se dešava? Šta se dešava?"

Nije imala ni najmanju ideju. Pogleda koji joj je govorio *Lepo sam ti rekla*, Kazu joj objasni: „Proklela te je."

Kad je čula reč *proklela*, Fumiko nije uspela da je obradi.

„Šta?", upitala ju je zastenjavši.

Kako nije uspevala da se odupre nevidljivoj sili koja je postajala sve jača, Fumikoina se glava polako spuštala na pod.

„Šta? Šta je ovo? Šta se dešava?"

„To je prokletstvo. Nisi me slušala, nastavila si da radiš po svom, i ona te je proklela", odgovorila joj je Kazu dok se vraćala u kuhinju, ostavljajući Fumiko prikovanu za pod.

Uvetom zalepljena za pod i sa pogledom uprtim gore, Fumiko nije videla Kazu kako odlazi, ali je jasno čula kako se njeni koraci udaljavaju. Toliko se uplašila da je počela da drhti kao da su na nju bacili ledenu vodu.

„Šališ se sa mnom. Pogledaj me! Šta mogu da uradim?"

Nije bilo odgovora. Fumiko je počela neobuzdano da se trese.

Žena u beloj haljini je nastavljala da je gleda užasavajućim pogledom. Nimalo nije ličila na ženu koja je do malopre sedela i mirno čitala svoju knjigu.

„Pomozite mi! Molim vas, pomozite mi!", vikala je Fumiko u pravcu kuhinje.

Kazu se vratila potpuno smirena. Fumiko nije mogla da vidi, ali je Kazu u ruci nosila stakleni bokal pun kafe. Fumiko je čula njene korake kako se približavaju, ali nije imala predstavu šta se dešava. Prvo pravila, onda duh, a sad prokletstvo. Bilo je to potpuno ludilo.

Kazu je nije ni udostojila odgovora da li će joj pomoći ili ne.

Fumiko se spremala da iz sveg glasa zove upomoć kad je u tom trenutku čula glas.

„Želite li još kafe?", pitala je Kazu kao da se ništa ne dešava.

Fumiko je bila besna. Ignorisala ju je u trenutku kad joj je trebala pomoć, i ne samo što joj Kazu nije pomagala, nego je još nudila kafu ženi u beloj haljini.

Da, Fumiko je bila užasnuta.

Jasno mi je rekla da je u pitanju duh i ja sam pogrešila što joj nisam poverovala. Takođe sam pogrešila i što sam je uhvatila za ruku da je pomerim sa stolice. Ali i pored toga što sam iz petnih žila tražila pomoć, devojka me je izignorisala i sada, kao da se ništa ne dešava, pita ovu ženu da li želi još kafe! Zašto bi uopšte duh želeo kafu?

„Vi se sa mnom šalite", bilo je sve što je Fumiko uspela da izgovori.

„Da, hvala", ravnodušno je odgovorio uznemirujuće vanzemaljski glas.

Žena u beloj haljini je govorila. Fumikoino telo je u trenu postalo lakše.

„Ahhh…“

Kletva je skinuta. Oslobođena pritiska koji ju je prikovao za pod, Fumiko se dahćući pridigla na kolena i pogledala Kazu.

Kazu joj je uzvratila pogledom, kao da je pita: „Imaš nešto da kažeš?“, i ravnodušno odmahnula glavom.

Žena u beloj haljini je otpila gutljaj vruće kafe i smireno se vratila čitanju knjige.

Kazu se ponašala kao da se ništa neobično nije desilo i otišla je u kuhinju da vrati bokal na mesto. Fumiko je ponovo pružila ruku da dotakne rame te užasne žene u beloj haljini. Osećala ju je pod prstima. „Ova žena je ovde. Ona stvarno postoji.“

Fumiko više ništa nije bilo jasno. Situacija je bila neverovatna, ali ju je iz prve ruke iskusila kada joj je neka nevidljiva sila prikovala telo za pod. Kako nije umela racionalno da objasni šta se dogodilo, njeno srce je već shvatilo situaciju i počelo ponovo da pumpa litre i litre krvi u telo.

Ustala je i prišla šanku, sa čudnim osećajem vrtoglavice. U tom trenutku Kazu se vratila iz kuhinje.

„Da li je moguće da je ona stvarno duh?“, pitala ju je Fumiko.

„Da“, kratko joj je odgovorila Kazu, dopunjujući posudu sa šećerom.

„Dakle, sad se dogodilo nešto potpuno nemoguće“, Fumiko je počela da razmišlja. „Ako su duh… i kletva… stvarni, to onda znači da bi i priča o putovanju kroz vreme mogla biti istinita!“

Iskustvo sa kletvom ubedilo je Fumiko da je moguće *vratiti se u prošlost*. Ali i dalje je postojao problem.

Bilo je u pitanju ono pravilo... Da bi se vratilo u prošlost, moralo se sesti na tačno određenu stolicu. „Ali na *toj* stolici sedi žena duh. Šta god da joj kažem, ona ne sluša. A kad sam probala na silu da je pomerim, ona je bacila kletvu na mene. Šta onda mogu da uradim?"

„Treba samo da sačekaš", odgovorila joj je Kazu kao da je čula njene misli.

„Kako to misliš?"

„Svakog dana ima jedan trenutak kad odlazi u toalet."

„Duhovi idu u toalet?"

„Dok ona nije tu, možeš da sedneš na njeno mesto."

Fumiko je gledala Kazu pravo u oči, a ova joj je klimnula skoro neprimetno. Delovalo je kao da nema drugog rešenja.

Što se tiče pitanja o fiziološkim potrebama duhova, Kazu nije bila sigurna da li je Fumiko ozbiljna ili jednostavno ironična, pa je odlučila da pitanje izignoriše svojim uobičajenim ravnodušnim ponašanjem.

Fumiko je duboko udahnula. Pre nekoliko trenutaka uhvatila bi se za slamku spasa da se ne uguši. Sada kada je napokon imala u rukama slamku, sigurno je neće pustiti. Jednog dana je pročitala priču o čoveku koji je postao milioner počevši od slamke, od jednog jedinog klasa žita. Ako je želela da postane milionerka, nije smela da propusti šansu.

„U redu… onda to znači da ću sačekati!“

„U redu, ali moraš da znaš da ona ne pravi razliku između noći i dana.“

„Nema problema, svakako ću da čekam“, reče Fumiko grčevito se držeći za svoju slamku. „Kada zatvarate?“, dodala je.

„Radno vreme nam se završava u osam, ali ako odlučiš da čekaš, možeš da ostaneš koliko god da treba.“

„Hvala!“

Fumiko je sela u sredinu između tri stočića, na stolicu okrenutu ka ženi u beloj haljini. Prekrstila je ruke i duboko udahnula kroz nos.

„Ima da sednem na *tu* stolicu!“, izjavila je gledajući ženu u beloj haljini koja je čitala svoju knjigu kao i obično.

Kazu je lagano uzdahnula.

Ding-dong

„Dobar dan, dobro došla, Kotake!“, Kazu uputi svoj uobičajeni pozdrav.

Na pragu je stajala žena od četrdesetak godina.

Kotake je na sebi imala plavi kardigan preko medicinske uniforme i ranac na leđima.

Zadihanoj, kao da je trčala, jedna ruka joj je bila na grudima, u pokušaju da uspori dah.

„Hvala ti što si me pozvala", odgovori joj u brzini.

Kazu joj klimnu sa osmehom i potom nestade u kuhinji. Kotake je napravila nekoliko koraka ka stolu koji je bio najbliži ulazu i ostala da stoji ispred čoveka koji se zvao Fusagi. Izgledalo je kao da je ne primećuje.

„Fusagi", obrati mu se Kotake nežnim tonom kojim se obično obraća detetu.

Na prvu, čovek nije odreagovao, kao da je nije ni čuo, a onda ju je kao krajičkom oka spazio i okrenuo se ka njoj praznog pogleda.

„Kotake", promucao je.

„Da, ja sam", odgovori mu Kotake razgovetno izgovarajući svaku reč.

„Otkud ti ovde?"

„Imala sam malo slobodnog vremena i pila mi se kafa."

„Ah… u redu", odgovori Fusagi.

Čovek je nastavio da čita časopis, dok je Kotake sela na stolicu naspram njega i dalje ga posmatrajući kao da se ništa ne događa. On je nije konstatovao, čak je nastavio da lista strane.

„Čula sam da u poslednje vreme često ovde dolaziš", reče mu Kotake proučavajući svaki delić lokala, poput gosta koji je tu došao prvi put.

„Ah, da", kratko joj je odgovorio.

„Privržen si ovom mestu, zar ne?"

„O, ništa posebno", pravdao se tonom koji je zapravo otkrivao koliko je privržen. Usne mu se oblikovaše u blagi osmeh i reče joj šapatom: „Čekam."

„Šta čekaš?"

Okrenuo se i pogledao u pravcu žene u beloj haljini.

„Da ona oslobodi mesto", odgovorio joj je. Najednom mu se oči zacakliše kao detinje.

Nije da je Fumiko prisluškivala, ali je kafić bio kao rupa u kojoj sve odjekuje. „Šta!?", uzviknula je iznenađeno čuvši da i Fusagi čeka da žena u beloj haljini ode u toalet kako bi se vratio u prošlost.

Kotake se okrenula ka Fumiko, dok Fusagi nije ni odreagovao.

„Znači tako?", upita ga Kotake.

„Ah, da", bilo je sve što je Fusagi uspeo da izgovori dok je uzimao drugi srk kafe.

Fumiko se iznervirala: „Pobogu! Neću da se takmičim!"

Na kraju je zaključila da ako oboje imaju isti cilj, prednost ima on. Kada je došla u kafić, Fusagi je već bio tu. I ako je on već došao prvi, onda je i bio prvi na redu. Ako ništa, iz poštovanja ne bi preskočila red. Žena u beloj haljini je išla u toalet samo jednom u toku dana, dakle samo jedanput dnevno je postojala mogućnost da se sedne na njeno mesto.

Ali Fumiko je želela da se odmah vrati u prošlost. Nije mogla da zamisli da mora da sačeka još jedan dan i nije mogla da sakrije iznerviranost usled ovih nepredviđenih okolnosti. Nagnula se i naćulila uši kako bi bila sigurna da Fusagi govori o vraćanju u prošlost.

„Jesi li uspeo danas da sedneš na njeno mesto?“, pitala ga je Kotake.

„Ne, danas nisam.“

„Oh, nisi uspeo?“

„Hm, ne.“

Njihov razgovor je samo potvrđivao njene najgore sumnje. Fumiko se namrštila.

„Fusagi, šta želiš da uradiš kad se vratiš u prošlost?“

Više nije bilo sumnje, Fusagi je čekao da žena u beloj haljini ode u toalet. To saznanje bilo je snažan udarac za Fumiko koja se zbog toga rastužila i ponovo *razlila* po stolu. Razgovor se nastavio.

„Treba nešto da središ?“

„Am, hm“, promrmlja Fusagi zamišljeno. „To je moja tajna“, na kraju odgovori sa vragolastim dečjim osmejkom.

„Tvoja tajna?“

„Da.“

Iako je Fusagi rekao da je to tajna, Kotake se nasmešila kao da je u pitanju nešto zabavno, a onda se okrenula ka ženi u beloj haljini.

„Zar ti ne deluje kao da joj se danas ne ide u toalet?“

Fumiko to nije očekivala i u trenutku je odreagovala podigavši pogled sa stola. Uradila je to munjevito, uz hiljadu misli koje su joj sad navirale na pamet: „Da li je moguće da danas neće ići u toalet? Kazu je rekla da ide jedanput u toku dana. Ali kao što je ova žena primetila, možda je danas već išla… Ne, ne verujem. Nadam se da nije!“

Moleći se da to nije istina, uznemirena Fumiko je iščekivala sledeću Fusagijevu rečenicu.

„Da, možda si u pravu“, složio se sa Kotake.

„Sto mu gromova!“ Fumiko je razjapila usta kao da će vrisnuti, ali je ostala bez teksta usled šoka.

„Zašto se ženi u beloj haljini ne bi išlo u toalet? Šta to ova žena koja se zove Kotake zna što ja ne znam?“ Žudela je za odgovorima, ali je istovremeno osećala da ne treba da prekida njihov razgovor. Oduvek je bila sigurna da je od ključne važnosti dobro razumeti situaciju, a u tom trenutku Kotakein govor tela vikao je *Ne mešaj se!* U šta to tačno nije trebalo da se meša nije joj bilo jasno, ali zasigurno se nešto dešavalo između ovo dvoje, a upadica sa strane nije bila dobrodošla.

„Onda… šta kažeš na to da odemo odavde?“, predložila mu je Kotake umiljavajući se.

Bila bi to njena velika prilika. Ostavljajući po strani mogućnost da je žena u beloj haljini već išla u toalet tog dana, ukoliko se Fumiko raščisti teren, neće više imati rivala.

Kada je Kotake rekla da se žena u beloj haljini možda uopšte neće ni pomeriti s mesta toga dana, Fusagi se složio: „Možda si u pravu“. Ali rekao je *možda*. Za nju je to bilo dovoljno uverljivo da pomisli: „U svakom slučaju, sačekaću pa ćemo videti.“ Da je ona bila na njegovom mestu, Fumiko bi sigurno sačekala. Prikupljala je svu mentalnu snagu dok je čekala odgovor, pokušavajući da ne deluje previše nervozno. Pretvorila se sva u uho.

Fusagi je pogledao u ženu u beloj haljini, pa odlutao u mislima. „Dobro, idemo", na kraju je odgovorio.

Odgovor je bio tako jednostavan i brz da je Fumiko zatekao nespremnu, što je njeno uzbuđenje dovelo do vrhunca, a srce na korak da iz grudi iskoči.

„U redu, onda čim popiješ kafu, idemo", izjavila je Kotake gledajući u njegovu dopola punu šoljicu.

Sada se činilo kao da Fusagi jedva čeka da ode. „Ne, nema veze, ionako se već ohladila", rekao je dok je nestrpljivo prikupljao časopis, sveščicu i olovku, i ustajao sa stolice.

Noseći jaknu, jednu poput onih koje obično nose zidari, otišao je do kase baš u trenutku kad se i Kazu pojavila iz kuhinje, u besprekornom tajmingu. Fusagi joj je dodao račun sa svog stola.

„Koliko vam dugujem?", pitao ju je.

Kazu je računala udarajući po velikim tasterima starinske kase. U međuvremenu, Fusagi je preturao po svojoj torbi, džepu košulje, džepu pozadi i svakom mestu koje mu je još palo na pamet...

„Čudno, moj novčanik...", mrmljao je.

Očigledno je došao na kafu bez novčanika. Nakon što je proveo neko vreme tražeći ga i tražeći, sve na istim mestima, Fusagi je ostao da stoji nesiguran, iznerviran, skoro u suzama.

Posle jednog trenutka, Kotake mu je zamahnula novčanikom ispred nosa, ostavljajući ga u čudu.

„Evo ga."

Bio je to kožni muški, prilično pohabani novčanik, presavijen na dva dela, nabrekao na onom delu gde je delovalo da se nalazi gomila priznanica. Fusagi je zastao na tren, posmatrajući s iskrenim čuđenjem novčanik koji mu je bio pred očima. Na kraju ga je uzeo ne rekavši ništa.

„Koliko je?", upitao je preturajući po odeljku za sitninu pokretima koji su delovali kao po navici.

Kotake nije ništa govorila, samo je stajala iza Fusagija i posmatrala ga dok je plaćao. „Trista osamdeset jena", odgovorila je Kazu.

Fusagi je izvukao jednu paru i pružio joj.

„Dobro, dali ste mi petsto jena..."

Kazu je uzela paru i ubacila je u kasu, gde je ova odzvonila. *Ding ding...* Potom je izvadila kusur. „Sto dvadeset vama", rekla je i dala mu u ruku novac zajedno sa računom.

„Hvala na kafi", odgovorio joj je dok je ubacivao kusur u novčanik. Zatim je ubacio novčanik u torbu i uputio se ka vratima, ne obazirući se na Kotake.

Ding-dong

Kotake se nije bunila što ne obraća pažnju na nju, jednostavno je zahvalila i krenula za njim napolje.

Ding-dong

„Pomalo su čudni", promrmljala je Fumiko.

Kazu je pospremila sto za kojim je sedeo Fusagi i ponovo nestala u kuhinji. Fumiko je zasmetala iznenadna pojava potencijalnog rivala, ali sada kada su ostale samo ona i žena u beloj haljini, osećala je da joj je pobeda nadohvat ruke.

„Dobro, takmičenje je završeno, sada treba samo da sačekam da oslobodi mesto", reče za sebe. Kako kafić nije imao prozore, a sva tri zidna sata su pokazivala različito vreme, bez gostiju koji bi dolazili i odlazili, polako je počela da gubi osećaj za vreme.

U strahu da se ne uspava, počela je da ponavlja pravila za vraćanje u prošlost.

Prvo pravilo: *Jedine osobe koje može da sretne su one koje su bile u kafiću.* Poslednji razgovor sa Gorom desio se baš u ovom kafiću.

Drugo pravilo: *Šta god uradila kad se vrati u prošlost, sadašnjost se neće promeniti.* Drugim rečima, i ako se Fumiko vrati u taj dan pre nedelju dana i ako bude preklinjala Gora da ne ide, on će svejedno otputovati u Ameriku. Nije uspevala da razume zašto je to tako pa je i dalje bila nervozna zbog same te pomisli, ali se pribrala i prihvatila činjenicu s obzirom na to da nije mogla ništa da uradi da to promeni.

Treće pravilo: *Da bi se vratila u prošlost, mora da sedne samo i isključivo na onu stolicu.* Bila je to stolica koju je zauzela žena u beloj haljini i ukoliko bi neko probao na silu da tamo sedne, ona bi ga proklela.

Četvrto pravilo: *Kad se vrati u prošlost, mora da ostane na toj stolici i ne sme da mrdne sa nje.* Ukratko, ni iz kog razloga u prošlosti ne sme da se odlazi u toalet.

Peto pravilo: *Vreme je ograničeno.* Kada malo bolje razmisli, Kazu joj nikad nije dala više detalja u vezi sa tim petim pravilom. Nije imala pojma koliko joj je vremena na raspolaganju.

Fumiko je iznova i iznova ponavljala ova pravila. Misli su joj se smenjivale. Prvo je sebi govorila da je besmisleno vraćati se u prošlost, ali onda je pomislila na mogućnost da ponovo vode razgovor i da kaže sve što je želela. Na kraju krajeva, šta je bilo loše u tome, s obzirom na to da ne bi ugrozila sadašnjost? Fumiko je i dalje ponavljala pravilo za pravilom, dok joj nije klonula glava i dok konačno nije zaspala za stolom.

Prvi put kad je Fumiko čula za Gorov neostvareni san bilo je kad ga je ubedila da izađu na njihov treći sastanak. Bio je zaluđenik za MMORPG* ili za igre koje se igraju onlajn sa više stvarnih konektovanih igrača. Njegov stric bio je jedan od osnivača MMORPG-a zvanog *Arm of Magic*, igre popularne u celom svetu. Od kada je bio

---

* Skraćenica za *Massively Multiplayer Online Role-Playing Games.* (Prim. prev.)

dečak, Goro je bio veliki obožavatelj i sanjao je da uđe u stričevu kompaniju koja pravi video-igre, zvanu TIP-G. Da bi ušao u proces selekcije, bilo je neophodno da ispuni dva uslova: 1) da poseduje najmanje pet godina iskustva kao sistemski inženjer u medicinskoj industriji, i 2) da poseduje lično napravljen novi program za igre, koji do sada nije objavljivan. Od pouzdanosti sistema u medicinskoj industriji zavisili su ljudski životi i *bagovi* se nisu tolerisali, dok su u industriji onlajn video-igara ljudi podnosili *bagove* jer ih je moguće ispraviti ažuriranjem, čak i nakon izlaska iz igre.

Ali TIP-G je bila drugačija kompanija: u razmatranje su uzimali kandidate sa iskustvom u medicinskoj industriji kako bi bili sigurni da su odabrali samo najveštije programere. Kada je Goro pričao o tome sa Fumiko, njoj je to delovalo kao fantastičan san. Ali nije znala da se glavno sedište TIP-G-a nalazi u Americi.

Na njihovom sedmom sastanku, dok je Fumiko čekala Gora, prišla su joj dva muškarca i pokušala da započnu razgovor sa njom. Bilo je jasno da su želeli da pođe sa njima. Nisu bili loši, ali ona nije bila zainteresovana. Muškarci su uvek pokušavali da je startuju, tako da je već imala razrađenu nepogrešivu tehniku kako da ih se oslobodi. Pre nego što je stigla da je upotrebi, Goro je došao i videlo se da nije baš oduševljen situacijom. Fumiko mu je potrčala u susret, ali ona dva muškarca su reagovala zadirkujući Gora, pitali su je kako je moguće da je izabrala da bude sa takvim *štreberom*. U tom trenutku nije mogla ništa drugo do da započne svoj uobičajeni mali govor.

Goro je pognuo glavu i nije progovarao, ali je u međuvremenu ona uzvratila toj dvojici: „Nemate vi pojma koliko je on divan" (na engleskom), „Toliko je sposoban da na sebe preuzima najteže zadatke na poslu" (na ruskom), „Ima mentalnu snagu da se nikad ne predaje" (na francuskom), „Ima sposobnost da nemoguće učini mogućim" (na grčkom), „Znam da je načinio neverovatne napore kako bi došao do te sposobnosti" (na italijanskom) i „On je najšarmantniji muškarac koga znam" (na španskom). Potom je još dodala na japanskom: „Ako ste razumeli šta sam vam upravo rekla, mogu uzeti u obzir da izađem sa vama."

Vidno zbunjena, dva muškarca su ostala bez reči, potom su se zgledala i odabrala da produže kako bi izbegla dalje sramoćenje.

Fumiko se okrenula ka Goru i sa širokim osmehom upitala ga ovog puta na portugalskom: „Naravno, mislim da si razumeo sve ono što sam rekla, zar ne?"

Goro je postiđeno klimnuo.

Nakon toga, na desetom sastanku Goro joj je priznao da nikada nije imao devojku.

„Ah, to znači da sam ja prva, jel'?", izjavila je Fumiko zadovoljno. Bio je to prvi put da je izjavila da su zajedno i Goro je na tu izjavu iskolačio oči.

Može se reći da se to veče smatra početkom njihovog zabavljanja.

* * *

Fumiko je dremala kada je žena u beloj haljini iznenada zalupila knjigu i uzdahnula. Nedugo potom izvadila je iz torbe belu maramicu i polako ustala i uputila se ka toaletu.

Fumiko ništa nije primetila, ali se Kazu pojavila na vratima iza šanka, i dalje u uniformi: beloj košulji s crnom leptir-mašnom, u prslučiću, crnim pantalonama i sa keceljom.

„Hej!", rekla joj je dok je pospremala sto.

„Šta? Šta se dešava?", poskočila je Fumiko žmirkajući i gledajući unaokolo sve dok nije uočila promenu.

Žena u beloj haljini je ustala. „Oh!"

„Sad je stolica slobodna. Želiš li da sedneš?"

„Naravno!", uzviknula je Fumiko.

Ustala je i otrčala do stolice koja je garantovala povratak u prošlost. Izgledala je kao i svaka druga stolica, ništa posebno. Dok je stajala tamo i posmatrala je s grčevitom željom, srce joj je sve jače i jače lupalo. Napokon je prošla sva pravila, čak i kletvu, i sada je imala ulaznicu za povratak u prošlost.

„U redu, vrati me nedelju dana unazad."

Fumiko je duboko udahnula pokušavajući da uspori rad srca i skupila se u uzanom prostoru između stola i stolice. Bila je ubeđena da će se, čim bude sela na *tu* stolicu, naći u onom trenutku od pre nedelju dana, pa je zbog toga bila previše uzbuđena i previše nervozna. Sela je na nju s takvim uzbuđenjem da zamalo nije ponovo poskočila.

„U redu, onda me vrati nedelju dana unazad!", uzviknula je.

Pogledala je unaokolo ustreptalog srca u grudima. Nije znala da li je noć ili dan jer nije bilo prozora. Tri stara zidna sata, od kojih je svaki pokazivao različito vreme, nisu bili od velike pomoći. Ali nešto mora da se promenilo. Ponovo se osvrnula okolo, očajnički tražeći neki znak da se vratila u prošlost, ali nije uočavala ni najmanju razliku. Da se vratila nedelju dana unazad, Goro bi bio pred njom, a sada ga nije bilo.

„Nisam se vratila unazad, zar ne?", promrmljala je. „Nemojte mi reći da sam ispala glupača što sam uopšte poverovala u ovu ludu priču o putovanju kroz vreme."

Baš u trenutku kad je htela da se prepusti očaju, pojavila se Kazu noseći srebrni poslužavnik sa srebrnim bokalom za kafu i belom šoljicom.

„Još uvek se nisam vratila unazad!", prolomila je Fumiko.

Kazu je kao i uvek delovala hladno. „Postoji još jedno pravilo", odgovorila joj je hladnim tonom.

„O bože! Još neko pravilo!" Dakle, nije bilo dovoljno da samo sedne na *tu* stolicu. Fumiko više nije mogla to da podnese. „Ima još pravila?", frknula je, osećajući u istom momentu skoro pa olakšanje. To je značilo da je povratak u prošlost i dalje moguć.

Kazu je nastavila sa objašnjavanjem ne pokazujući ni trunku zainteresovanosti za Fumikoina osećanja. „Sada ću ti nasuti kafu u šoljicu", reče joj spuštajući šoljicu ispred nje.

„Kafu? Zašto kafu?"

„Tvoje vreme u prošlosti počeće od trenutka kada ti naspem kafu u šoljicu...“, objašnjavala je Kazu ignorišući pitanje koje joj je postavila Fumiko, svakako umirena neizbežnim početkom putovanja. „I moraš da se vratiš pre nego što se kafa ohladi.“

Optimizam Fumiko je u trenutku nestao. „Molim? Tako brzo?“

„A sada poslednje pravilo, najvažnije od svih...“

„Ova govorancija nikako da se završi“, pomislila je Fumiko jedva čekajući da krene. „Previše pravila...“, promrmljala je čvrsto držeći šoljicu pred sobom. Bila je to obična šoljica u koju još uvek nije nasuta kafa. Jedino što se činilo da je hladnija od običnog porcelana.

„Slušaš li me?“, nastavljala je Kazu. „Kad se vratiš u prošlost, moraš da popiješ celu šoljicu pre nego što se kafa ohladi.“

„Da, ali ja zapravo i ne volim baš toliko kafu.“

Kazu je iskolačila oči i nagnula se prema Fumiko toliko blizu da joj je skoro okrznula nos.

„To je pravilo koje moraš da ispoštuješ, i na silu ako treba“, prošaptala joj je.

„Stvarno?“

„Da, inače će ti se desiti nešto užasno...“

„Š-šta?“

Fumiko se uznemirila. Naravno, očekivala je nešto slično, ipak je putovanje kroz vreme značilo kršenje zakona prirode i prihvatanje svih rizika koje to sa sobom nosi.

Ali nije mogla da poveruje da je Kazu izabrala baš taj trenutak da joj saopšti tako nešto. Upravo se otvorio ponor skoro ispred samog postizanja cilja. Da se razumemo, nije htela da se predomisli, ne nakon što je stigla tako daleko. Boreći se sa strahom, pogledala je Kazu u oči.

„Šta? Šta će mi se dogoditi?“

„Ako ne popiješ svu kafu dok je vruća...“

„... ako ne popijem kafu?“

„Ti ćeš postati duh koji sedi na ovoj stolici.“

Fumiko kao da je ošinula munja.

„Ne šališ se?“

„Žena koja je do malopre sedela ovde...“

„Prekršila je to pravilo?“

„Tačno. Vratila se u prošlost kako bi videla svoj pokojnog muža. Mora da je izgubila pojam o vremenu, a kada se setila, kafa je već bila hladna.“

„... i onda je postala duh?“

„Da.“

„Rizičnije je nego što sam mislila“, pomislila je Fumiko. Bilo je pregršt iritantnih pravila. Videla je duha i to što je i sama bila prokleta bilo je dovoljno neverovatno, ali sada je ulog bio još veći.

„U redu, mogu da se vratim u prošlost, ali imam vremena samo dok mi je kafa topla. Nemam pojma koliko kafi treba da se ohladi, ali sigurno ne mnogo. Ako ništa drugo, vreme ispijanja, i pored toga što baš i ne volim kafu. Zbog toga se neću previše brinuti. Ali hipotetički gledano, ako je ne popijem i postanem duh, e to bi mi smetalo. Pretpostavimo da ne mogu da promenim sadašnjost ako se vratim u prošlost, ma koliko se trudila: tu nema rizika. Možda tu nema ni prednosti, ali sigurno ni nikakve opasnosti. Dok ovo sa postajanjem duha, e to je već problem."

Fumiko nije uspevala da se odluči. More strahova joj je pretilo, od kojih je najneizbežniji bio onaj koji je podrazumevao ukus kafe koju je Kazu trebalo da joj naspe. „A šta ako bude bilo bibera unutra? Ili ako bude imala ukus vasabija? Kako ću uspeti da popijem punu šoljicu toga?"

Osećajući da postaje paranoična, zavrtela je glavom i pokušala da rastera sve strahove koji su navirali.

„Dobro. Treba samo da popijem svu kafu pre nego što se ohladi, jelda?"

„Da."

Odlučila je. Ili tačnije, tvrdoglava odluka ju je nadvladala.

Kazu je i dalje stajala pred njom, ravnodušno. Fumiko je pomislila da bi njena reakcija, i kada bi joj rekla: „Izvini, molim te, ali ipak odustajem", bila potpuno ista. Na trenutak je zažmurila, pesnice utisnula u krilo i duboko udahnula kroz nos kao da se koncentriše.

„Spremna sam", izjavila je pogledavši Kazu u oči. „Sipaj mi kafu."

Kazu je klimnula i uhvatila srebrni bokal desnom rukom, a potom je pogledala pomalo popreko. „Važno je popiti kafu pre nego što se ohladi", ponovila joj je.

Kazu je počela najnormalnije da sipa kafu u šoljicu, dok je Fumiko mogla da se zakune da prisustvuje nekakvom drevnom obredu.

Čim je Fumiko videla kako se para preliva u raznim bojama izlazeći iz šoljice, sve oko stola je počelo da se savija i postaje neraspoznatljivo od vrtloga ključajuće pare. Obuzeo ju je strah i brzo je zažmurila. Osećaj da je sada i ona postala razlivena prilika koja se savija, kao jezičak pare koji se dizao iz šoljice, postao je još intenzivniji. Snažno je stegla pesnice. „Ako se ovako nastavi, neće me biti ni u sadašnjosti, ni u prošlosti, već ću nestati u oblaku dima." Kako je ne bi savladao strah, razmišljala je o trenutku kada je upoznala Gora.

Bilo je to u proleće pre dve godine. Ona je imala dvadeset i šest godina, tri godine više od njega, i bila je dodeljena jednoj kompaniji klijentu. I Goro je bio u istoj kancelariji, ali je radio za drugu kompaniju. U svojstvu koordinatorke projekta, Fumiko je upravljala svim osobljem van sedišta.

Fumiko nikad ne bi ustuknula ako bi imala neku zamerku, čak ni onda kada bi u pitanju bile njene kolege nadređeni. Štaviše, dešavalo joj se da diskutuje i sa kolegama koje su bile starije od nje. Ali njoj niko nikad nije imao da uputi nikakvu kritiku. Ona je uvek bila iskrena i direktna, i svi su se divili njenom požrtvovanju i odricanju zbog posla.

Iako je Goro bio mlađi, delovao je kao da ima tridesetak godina. Istinu govoreći, izgledao je znatno starije nego što je bio. Na prvu loptu, Fumiko je mislila da je mlađa od njega i ponašala se prema njemu uz dužno poštovanje. Kako je bio najmlađi član tima, kod Gora je bio i najizraženiji takmičarski duh. Bio je visokokvalifikovani inženjer koji je radio bez mnogo priče, i Fumiko je ubrzo shvatila da može da se pouzda u njega.

Projekat kojim je upravljala Fumiko bližio se završetku, ali malo pre roka za predaju, pojavio se ozbiljan *bag*. Bila je to greška ili neispravnost u programu, a kada je reč o sistemima u medicinske svrhe, čak i onaj *bag* koji deluje bezazleno može se ispostaviti kao veliki problem. Isporučiti sistem u takvom stanju bilo je nezamislivo, ali pronaći uzrok *baga* bilo je kao i pronaći i izolovati jednu kapljicu mastila koja je upala u bazen dubine dvadeset i pet metara. Ne samo da je pred njima bio ogromni i obeshrabrujući zadatak već su bili u obavezi da ga u što kraćem roku završe.

S obzirom na to da je Fumiko bila koordinatorka projekta, odgovornost za predaju je padala na njena pleća, a *dedlajn* je bio za sedam dana. Nažalost, svi su znali da je potrebno najmanje mesec dana da se sredi *bag* te vrste, i zbog toga su digli ruke od toga da će stići da sve završe do isteka roka, a Fumiko se spremala da podnese ostavku. U svom tom haosu, Goro je odjednom nestao sa posla. Nestao je ne javivši se nikome i niko nije znao šta se sa njim desilo.

Usledili su negativni komentari koji su jedan za drugim vukli nove, i na kraju su svi bili uvereni da je on odgovoran za taj *bag* i da ga je bilo toliko sramota da nije smeo više da se pojavi u kancelariji.

Nije bilo konkretnih dokaza za te tvrdnje, ali ako je projekat već trebalo da se pokaže kao veliki promašaj, onda je uvek bolje imati nekoga na koga se može svaliti krivica. A kako je jedino on bio odsutan, postao je savršeni žrtveni jarac. Fumiko je bila među onima koji su najviše sumnjali u njega. Međutim, nakon četiri dana Goro se iznenada pojavio i objavio da je pronašao *bag*.

Imao je dugu bradu i nije baš najprijatnije mirisao, ali niko nije ni pomišljao da mu to kaže. Ako je suditi po podočnjacima, moguće je da uopšte nije ni spavao, dok su ostali članovi tima, uključujući i Fumiko, odlučili da je u pitanju nemoguća misija i od toga odustali. A zapravo, nekim čudom, Goro je uspeo da reši problem. Nestati bez dozvole kosilo se sa osnovnim pravilima svake kompanije, to je bilo tačno, ali on je pokazao najveću požrtvovanost od svih njih i uspeo je u onome u čemu su svi ostali programeri podbacili.

Nakon što mu je Fumiko izrazila svoju najveću zahvalnost i izvinila se što je uopšte posumnjala da je on kriv, Goro joj je samo uputio osmeh.

„U redu, šta kažeš na to da me častiš kafom?“, predložio joj je.

Upravo u tom trenutku, Fumiko se zaljubila.

Nakon što je projekat uspešno isporučen, njihovi putevi su se razišli i mogućnosti da se sreću su smanjene. Ali Fumiko nije želela da odustane od njega i pozivala ga je da se viđaju kad god je mogla, s izgovorom da i dalje mora da ga časćava kafom.

Gorov pristup poslu bio je opsesivan. Kada bi imao cilj koji je trebalo ispuniti, za njega nije postojalo ništa drugo. Fumiko je saznala da je sedište TIP-G-a bilo u Americi onda kada je otišla kod njega kući i kada joj je on pričao o tome s tolikim entuzijazmom da ju je to zabrinulo. „Kada se njegov san obistini, za šta će se odlučiti, za san ili za mene? Ne treba tako da razmišljaš, nema tu isključivosti. Ali, bože, ako…"

Polako je, malo-pomalo, shvatala da će, ako ga izgubi, to biti nepodnošljiva patnja. Nije više uspevala ni da razmišlja o tome šta on oseća prema njoj.

Vreme je prolazilo i krajem tog proleća Goro je dobio poslovnu ponudu od TIP-G-a. Njegov san se obistinio.

Fumikoin strah je bio opravdan. Goro je odabrao da otputuje u Ameriku. Izabrao je svoj san. Ona je to saznala pre nedelju dana, u tom istom kafiću. I sada je otvarala oči osećajući se dezorijentisano, kao pri buđenju iz sna.

Napustio ju je osećaj da je duh koji se vrti i lebdi poput oblaka dima, i ponovo je osećala svoje udove. U naletu panike, počela je da opipava lice i telo kako bi se uverila da je to stvarno ona. Kada se smirila, primetila je da je jedan čovek znatiželjno posmatra.

Bio je to Goro. Goro koji je u tom trenutku trebalo da bude u Americi, bio je tačno pred njom. Dakle, stvarno se vratila u prošlost! Fumiko je postala svesna njegovog začuđenog pogleda. Nije bilo sumnje, vratila se nedelju dana unazad. Unutrašnjost lokala bila je ista onakva kakve je se sećala.

Čovek koji se zvao Fusagi čitao je časopis za stočićem najbližem ulazu; Hiraj je sedela za šankom, a i Kazu je bila tu. Pred njom je bio Goro, za istim onim stolom kao i onog dana. Samo je jedna stvar bila drugačija: stolica na kojoj je sedela Fumiko.

Nedelju dana ranije sedela je ispred njega, dok su sada sedeli za dva različita stočića. Bila je i dalje preko puta njega, ali samo za drugim stolom. „Tako smo daleko", pomislila je gledajući zbunjeno, i to s razlogom.

Čudno ili ne, nije smela da ustaje s tog mesta. To je bilo jedno od pravila. „Ali šta ako me bude pitao što sam ovde sela? Šta da mu odgovorim?" Fumiko se stresla pri toj pomisli.

„Užas! Da li je moguće da je već ovako kasno? Oprosti, molim te, ali trebalo bi da krenem."

Bez obzira na njegov zbunjeni pogled i na čudan raspored sedenja, Goro je izgovorio iste reči kao i onoga dana. Mora da je to bilo još neko nepisano pravilo koje se ticalo putovanja kroz vreme.

„Oh, u redu. Žuriš, zar ne? Zapravo ni ja nemam baš mnogo vremena."

„Šta?"

„Izvini."

Nisu bili na istoj talasnoj dužini i razgovor ih ne bi doveo baš daleko.

Iako je savršeno znala šta se dešavalo u trenutku u koji se vratila, Fumiko je i dalje bila zbunjena. Na kraju krajeva, bio joj je to prvi put da se vraća u prošlost!

Kako bi malo došla sebi, otpila je gutljaj kafe posmatrajući Gora preko šoljice.

„O, ne, kafa je već mlaka! Uskoro će se skroz ohladiti!"

Fumiko je bila uznemirena: pri toj temperaturi, trebalo je odmah da je svu popije. Bila je to neočekivana nezgoda. Namršteno je pogledala Kazu. Mrzela je njeno hladno ponašanje. Ali radilo se o nečemu drugom...

„Fuuj... koliko je gorko!"

Ukus je bio gori od onog kog se plašila. Bila je to najgorča kafa koju je ikad probala. Goro ju je zbunjeno gledao slušajući njene čudne izjave.

Češkajući desnu obrvu, Goro je pogledao u sat na ruci. Nije imao mnogo vremena i Fumiko je to znala: zapravo, nije ga ni ona imala previše.

„Hm, moram nešto važno da ti kažem!", iznenada je uzviknula sručivši šećer u kafu. Potom je nasula i mleka i počela brzo da meša kašičicom kuckajući o strane šoljice.

„Molim?", upitao ju je Goro, mršteći se.

Fumiko nije znala da li je napravio taj izraz lica zbog količine šećera koji je sipala u kafu ili zbog toga što je trebalo da mu priča o nečemu važnom baš u tom trenutku.

„Htela sam… da porazgovaramo o nečem bitnom."

Goro je ponovo pogledao na sat.

„Sačekaj trenu…", zaustila je Fumiko uzevši još jedan srk i zadovoljno klimnuvši. Pre nego što je upoznala Gora, nikad nije pila kafu i koristila ju je samo kao izgovor da izađe sa njim. Videvši je kako sipa nerazumnu količinu mleka i šećera u kafu, koju je ona prezirala, nasmejao se.

„Hej, ovde je situacija ozbiljna, a ti me zezaš kafom?"

„Taman posla!"

„Naravno, jasno se vidi! Ne možeš reći da nije tako, vidi ti se na licu."

Fumiko se kajala što je izgubila nit razgovora. Uradila je sve kako bi se vratila u prošlost, a sada se situacija odvijala potpuno isto kao i pre nedelju dana. Ponovo ga je udaljavala svojim dečjim provokacijama.

Goro je nervozno ustao i pozvao Kazu da dođe iz šanka.

„Izvinite… Koliko vam dugujem?"

Fumiko je znala da, ukoliko nešto ne preduzme, Goro će platiti i otići. „Čekaj!"

„U redu je, pusti."

„Nisam to htela da ti kažem."

„Šta je onda?"

(„Nemoj da ideš.“)

„Zašto nisi ranije pričao sa mnom o tome?“

(„Ne želim da odeš.“)

„Pa, znaš…“

„Znam koliko ti je bitan posao i nije mi krivo ako želiš da ideš u Ameriku. Sigurno te neću sprečiti.“

(„Mislila sam da ćemo biti zajedno zauvek.“)

„Ali bar…“

(„Jesam li ja bila jedina koja je tako mislila?“)

„Volela bih da si samo ranije o tome pričao sa mnom. Znaš, nije u redu da sam odlučiš, a da ni ne popričamo…“

(„Ozbiljno, ja sam te…“)

„Samo je to što, ovaj, znaš…“

(„… ja sam te volela.“)

„Osećam se stavljenom po strani.“

„…“

(„Nije da će ovo bilo šta promeniti…“)

„Da, ovaj, samo sam to želela da ti kažem.“

Fumiko je rešila da bude iskrena, a svejedno se u sadašnjosti ništa ne bi promenilo. Ali nije nikako uspevala da mu kaže sve. Za nju bi to bilo kao da je priznala poraz. Mrzela bi sebe da je rekla nešto poput: „Šta ćeš izabrati, posao ili mene?“ Pre nego što je upoznala Gora, uvek je stavljala posao na prvo mesto, ispred svega, i to bi bila poslednja stvar koju bi htela da kaže. Nije želela ni da odaje utisak osetljive ženice, još dečku koji je tri godine mlađi od nje: morala je da brani svoje godine. A možda je čak i zavidela što ima uspešniju karijeru od nje, ko zna. I tako, na kraju nije uspela da bude skroz iskrena. A i svakako je bilo već kasno.

„U redu, idi… Idi slobodno… Ionako ne postoji ništa što bih mogla da kažem da te odgovorim."

U tom trenutku, Fumiko je popila kafu naiskap. „Gulp!"

Čim je šoljica ispražnjena, sve oko Fumiko počelo je da se vrti i ponovo je uronila u taj grčeviti vrtoglavi svet.

Počela je da se pita: „Zašto sam se tačno vratila u prošlost?"

„Nikad nisam mislio da sam pravi čovek za tebe."

Nije joj bilo jasno zašto bi Goro rekao tako nešto.

„Kad si me zvala na kafu, uvek sam govorio sebi da ne treba da se zaljubim u tebe…", nastavljao je.

„Šta?"

„Zato što…", rekao je i prošao prstima kroz kosu nameštenu tako da mu pada udesno preko čela, i otkrio je dugački ožiljak od opekotine koji se protezao od obrve do desnog uha. „Pre nego što sam te upoznao, uvek sam mislio da sam odbojan ženama i nikad nisam imao hrabrosti da započnem razgovor."

„Ali ja…"

„Čak ni kad smo počeli da se zabavljamo."

„*Meni to nikad nije smetalo!*", vikala je Fumiko, ali je već uveliko postala deo dimne scene i njene reči nisu dopirale do njega.

„Mislio sam da ćeš ubrzo početi da se zanimaš za druge muškarce, mnogo lepše od mene."

(„Nikada… Kako možeš tako nešto da pomisliš!“)

„Oduvek sam mislio da…“

(„Nikada!“)

Bio je šok za Fumiko da ga čuje da tako govori, ali sada je sve imalo smisla. Što ga je više volela i razmišljala o venčanju, više je osećala kako nekakva nevidljiva barijera raste između njih.

Kada bi ga pitala da li je voli, on bi samo klimnuo, dobro pazeći da ne izgovori reči „Volim te!“. Kada bi zajedno šetali ulicom, Goro bi stalno spuštao pogled, skoro pa izvinjavajući se, i češkajući desnu obrvu. Bio je veoma svestan da se muškarci okreću za njom.

(„Kao da je to pa bitno!“)

Ali sada se Fumiko kajala što je tako razmišljala.

Za nju to je bila njegova sitna mana, dok je to za Gora predstavljalo bolni kompleks koji ga je mučio odavno.

(„Nisam imala pojma da se tako osećao!“)

Fumikoina svest je bledela. Telo kao da joj je usisao vrtlog. Goro se kretao ka kasi sa torbom u ruci.

(„Sadašnjost se svakako neće promeniti, i ispravno je da se ne promeni. Napravio je pravi izbor: njegov san vredi mnogo više od mene. Znam da moram odustati, pustiću ga da ide. Od sveg srca mu želim da uspe.“)

Fumiko je polako zatvarala zakrvavljene oči kada je…

„Tri godine“, rekao joj je Goro okrećući leđa. „Molim te, sačekaj me tri godine. Tada ću se vratiti, obećavam ti.“

Rekao je to tiho, ali je kafić bio minijaturan.

Već pretvorena u dimnu figuru, Fumiko je jasno čula Gorove reči.

„A kada se vratim…“, rekao je Goro i po običaju se počešao po desnoj obrvi. I dalje okrenut leđima Fumiko, dodao je nešto previše prigušenim glasom da bi se moglo čuti.

„Ha? Šta?“

U tom trenutku, Fumikoina svesnost je prosto isparila. Dok je iščezavala, Fumiko je uspela da vidi kako se Goro okrenuo trenutak pre nego što će izaći iz kafića. Videla mu je lice samo na delić sekunde, ali je imao prelepi osmeh, isti onaj kao kada joj je rekao: „Šta kažeš na to da me častiš kafom?“

Kada je došla sebi, Fumiko je sedela na svom mestu u pustom kafiću. U ustima joj je i dalje bio sladak ukus.

Baš u tom trenutku, žena u beloj haljini vraćala se iz toaleta. Kada je videla Fumiko na njenom mestu, prekinula je tišinu.

„Pomeri se“, rekla joj je tiho, glasom u isto vreme ispunjenim nemirom i očiglednom nadmoći. Fumiko nije skidala pogled sa nje. „Ja… izvinjavam se“, rekla je odmah ustavši.

Osećaj nestvarnost još uvek nije nestao. Da li se to stvarno vratila u prošlost?

Putovanje kroz vreme ne može promeniti sadašnjost, tako da nije bilo ničega čudnog ako se nije osećala nikakva razlika. Iz kuhinje je dopirao miris kafe i Fumiko se okrenula ka tamo. Kazu samo što je izašla noseći šoljicu sveže kafe na poslužavniku.

Prošla je pored nje kao da se ništa nije desilo. Kada je prišla stolu za kojim je sedela žena u beloj haljini, sklonila je šoljicu iz koje je pila Fumiko i zamenila ju je šoljicom tek napravljene kafe. Žena joj je u znak zahvalnosti klimnula i nastavila da čita svoju knjigu.

Dok se vraćala za kasu, Kazu je ravnodušno upitala Fumiko: „Kako je prošlo?"

Čuvši ove reči, Fumiko je bila sigurna da je zaista putovala kroz vreme. Vratila se u taj dan pre nedelju dana. Ali ako je...

„Razmišljala sam..."

„Da?"

„Sadašnjost se neće promeniti, jelda?"

„Tačno."

„Ali šta je sa stvarima koje će se kasnije dogoditi?"

„Ne razumem na šta misliš."

„Od sadašnjeg trenutka pa nadalje...", Fumiko je pažljivo birala reči.

„Od sadašnjeg trenutka pa nadalje, šta je sa budućnošću?"

Kazu ju je pogledala pravo u oči i rekla s osmejkom: „Pa, s obzirom na to da se budućnost još nije dogodila, verujem da to zavisi od tebe..."

Fumikoine oči su se zacaklile.

Kazu je stajala pred kasom. „Kafa sa noćnim dodatkom dođe četiristo dvadeset jena, molim", tiho je rekla.

Fumiko zadovoljno klimnu i uputi se ka kasi hodajući kao po oblacima. Plativši račun, pogleda Kazu u oči.

„Hvala", reče joj klimnuvši u znak zahvalnosti.

Potom se još jednom okrenu i pogleda unaokolo, klimnu više samom kafiću nego nekoj osobi posebno, i izađe.

Ding-dong

Kazu je po navici ravnodušno ubacila novac u kasu, kao da se nije desilo ama baš ništa neobično. Žena u beloj haljini se osmehnula i polako zatvorila knjigu, roman sa naslovom *Zaljubljeni*.

2.

MUŽ I ŽENA

Kafić nema klima-uređaj. Otvoren je 1874. godine, pre više od sto četrdeset godina, a u to vreme su se još uvek koristile uljane lampe. Tokom vremena urađene su manje popravke, ali unutrašnjost lokala nije bitnije promenjena. U trenutku otvaranja, enterijer kafića mora da se smatrao pravom avangardom. Zvanično priznato vreme kada je počelo osnivanje prvih modernih kafića u Japanu je negde oko 1888. godine, ili četrnaest godina kasnije.

Kafa je u Japan stigla tokom Edo perioda, negde pred kraj sedamnaestog veka. U početku ovaj napitak nije prijao nepcima Japanaca i zasigurno nije smatran prijatnim pićem, što nije iznenađujuće s obzirom na to da se radi o nekakvoj crnoj i gorkoj vodi.

Sa dolaskom električne energije, odmah su zamenili uljane lampe električnim svetlom, ali uvođenje klime narušilo bi svu čar lokala, pa zbog toga ni dan-danas lokal nije klimatizovan.

Problem je u tome što se svake godine vraća leto. Kada temperatura tokom podneva pređe trideset stepeni, očekuješ da će biti užasno zagušljivo i vruće u tako zatvorenom prostoru, čak i ako je u podrumu. U kafiću postoji veliki plafonski ventilator koji, budući da je električni, mora da je ugrađen u neko skorije vreme. Ali takav plafonski ventilator ne stvara mnogo svežine i služi samo da pospeši protok vazduha.

Najviša zabeležena temperatura u Japanu bila je pedeset i jedan stepen na Železničkoj stanici Ekavasaki, u prefekturi Koči. Teško je zamisliti svrhu plafonskog ventilatora tokom jedne takve omorine. Međutim, u ovom kafiću je uvek sveže, čak i usred leta. Kako vazduh uspeva da ostane tako svež? Osim osoblja, to ne zna niko… niti će iko ikad saznati.

Bilo je toplo letnje popodne. Leto je tek počelo, ali se činilo kao da je uveliko u jeku. U kafiću za šankom sedela je mlada žena i spremala se da počne da piše. Pored nje je stajala hladna kafa razblažena ledom koji se unutra topio. Žena je nosila laganu odeću, majicu sa kratkim karner-rukavima, tesnu sivu mini-suknju i sandale rimljanke. Sedela je ispravljenih leđa dok joj je hemijska olovka u rukama žustro trčala po bledoroze papiru za pismo.

U šanku je stajala vitka mlada žena veoma blede puti i gledala unaokolo sa mladalačkom iskrom u očima. To je bila Kej Tokita, i videlo se da je zanima sadržaj pisma koje je druga žena pisala. Malo-malo pa bi krišom virnula ka papiru, dok joj se na licu ocrtavala dečja znatiželja.

Osim žene koja je za šankom pisala pismo, ostali gosti u kafiću bili su žena u beloj haljini na *onoj* stolici i čovek po imenu Fusagi za stolom najbližem ulazu. Za promenu, Fusagi je pred sobom imao otvoren časopis.

Žena koja je pisala pismo duboko je udahnula, a isto je učinila i Kej.

„Izvini ako sam se previše zadržala“, reče žena ubacujući papir u kovertu.

„Taman posla“, odgovorila joj je Kej odsutno gledajući u svoja stopala.

„Mmm... Da li bi mogla da je predaš mojoj sestri?“

Žena je čvrsto držala kovertu u rukama i lagano ju je predavala Kej. Zvala se Kumi i bila je mlađa sestra Hiraj, stalne gošće kafića.

„Kako želiš, ali koliko znam tvoju sestru...“, Kej zausti i odmah se ugrize za jezik kako ne bi nastavila.

Kumi je blago iskrenula glavu i upitno je pogledala.

Međutim, Kej se samo osmehnula, kao da se šalila. „Okej… Predaću joj čim je budem videla“, odgovorila je gledajući pravo u pismo koje je držala Kumi.

„Znam da možda neće ni hteti da ga pročita“, reče Kumi oklevajućim tonom, i dodade zahvaljujući klimanjem glave: „Ali stvarno, ako bi mogla…“

„Ma naravno, budi bez brige“, odgovorila joj je Kej odajući utisak nekoga ko je na sebe preuzeo zadatak od izuzetne važnosti. Uzela je pismo obema rukama i ljubazno klimnula dok je Kumi odlazila ka kasi.

„Koliko sam dužna?“, upitala je Kumi.

Kej je pažljivo spustila pismo na šank i počela da udara po velikim tasterima na kasi.

Ta kasa je možda bila i najstarija kasa još u upotrebi, iako nije pripadala kafiću baš od samog početka. Njeni tasteri ličili su na one sa pisaćih mašina i stigla je na početku Šova perioda, oko 1925. godine. Bila je to veoma otporna kasa, projektovana tako da onemogući krađe. Sam okvir je težio oko četrdeset kila, a tasteri su proizvodili zvuk *klang* svaki put kada bi ih neko pritisnuo.

„Kafa i… tost… rižoto sa karijem… mešani sladoled kup…“

Klang-klang-klang-klang… klang-klang. Kej je ritmično otkucavala cenu po cenu svake porudžbine. „Sladoled soda… pica tost…“

Kumi svakako nije ostala gladna, a spisak svih njenih porudžbina ne bi stao na neki mali papir. Kej je počela da popisuje ostala poručena jela: „Kari pilav… banana-torta… teleća šnicla s karijem..." Obično nije bilo potrebno da nabraja naglas svako jelo, ali Kej je sada to bilo baš zabavno. Udarala je po tasterima poput devojčice koja se veselo igra.

„Potom si uzela njoke sa gorgonzolom i pastu u perila sosu..."

„Izgleda da sam se malo prejela, zar ne?", prokomentarisala je glasno Kumi, možda postiđena tim spiskom, recitovanim pred širokom publikom. „Molim te, nema potrebe da sve čitaš naglas", želela je da kaže.

„Ha, u to nema sumnje!"

Naravno, nije joj to rekla Kej već Fusagi.

Čuvši ceo spisak njenih porudžbina, promrmljao je ovaj komentar ne skidajući pogled sa svog časopisa.

Kej je to izignorisala, ali je Kumi pocrvenela sve do ušiju. „Koliko ti dugujem?", upitala ju je, ali Kej još uvek nije završila.

„Ah, da vidimo još... imamo topli sendvič... onigiri grilovani... još jedan rižoto sa karijem... i... ajs-kafa. Sve zajedno... deset hiljada dvesta trideset jena."

Kej se osmehnula okruglim očima svetlucavim od nežnosti.

„Odlično, izvoli", rekla je Kumi užurbano izvlačeći iz novčanika dve novčanice.

Kej je uzela novčanice i počela da broji. „Dala si mi jedanaest hiljada jena", rekla je Kej ponovo računajući pomoću kase čiji su tasteri odzvanjali. *Ding-ding*...

Kumi je čekala pognute glave.

Ding-ding... Fioka kase se otvorila uz trzaj i Kej je izvadila kusur.

„I evo sedamsto sedamdeset jena za tebe“, i dalje uz osmeh i cakleće okrugle oči, Kej je dala Kumi kusur.

Kumi se pristojno naklonila i rekla: „Hvala, sve je bilo ukusno.“

Možda je bila u pitanju sramota što je toliko pojela, ali Kumi je delovala nervozno, kao da je jedva čekala da zbriše. Međutim, taman kada je krenula da izađe, Kej ju je glasno pozvala: „Hej… Kumi!“

Kumi je zastala u trenu i okrenula se.

„Što se tiče tvoje sestre…“, rekla je Kej, ispitujući je pogledom. „Da možda ne želiš da mi ostaviš neku poruku za nju?“, upitala ju je podižući obe ruke.

„Ne, ovako je u redu. Sve sam joj napisala u pismu“, odgovorila joj je Kumi ne oklevajući.

„Da, verujem da jesi“, uzvratila je Kej pomalo razočarano.

Verovatno pod uticajem tog pitanja, Kumi je ponovo razmislila i dodala uz osmeh: „Možda bih imala jednu stvar da joj kažem…“

„O, super“, odgovori joj Kej ozarenog lica.

„Reci joj da mama i tata više nisu ljuti.“

„Vaši roditelji više nisu ljuti“, ponovila je Kej.

„Tačno… Molim te, reci joj tako.“

Kej dvaput zaredom klimnu, dok su joj okrugle oči i dalje svetlucale. „Okej, nemoj da brineš“, reče joj zadovoljno.

Kumi je pogledala unaokolo i ponovo se učtivo naklonila pre nego što je izašla.

Ding-dong

Kej je prišla vratima kako bi proverila da li je Kumi otišla, a onda se brzim i spretnim okretom vratila i počela da priča praznom šanku: „Posvađala si se sa svojima?"

Iz naizgled praznog šanka oglasio se promukli glas.

„Odrekli su me se", odgovorila je Hiraj, konačno se pojavivši iz svog skloništa.

„Ali čula si šta je rekla, zar ne?"

„Šta sam čula?"

„Da tvoji mama i tata više nisu ljuti."

„Ne verujem u to dok ne vidim svojim očima..."

Zbog toga što je dugo bila šćućurena ispod šanka, Hiraj je hodala hramajući, povijenih leđa poput neke starije gospođe. Osim viklera na glavi, nosila je leopardastu majicu na bretele, usku roze suknju i sandale za plažu.

Hiraj se namrštila.

„Sestra ti deluje baš fino."

„Ako nisi u mojoj poziciji, onda verujem da je tako... sigurno."

Hiraj je sela za barsku stolicu na kojoj je prethodno sedela Kumi, izvukla cigaretu iz leopardastog nesesera i zapalila je. Digao se oblačić dima. Prateći ga pogledom, Hiraj je jednom u životu dopustila da izgleda ranjivo. Izgledalo je kao da su joj misli otputovale negde daleko.

Kej je prošla pored nje i ušla u šank. „Želiš li da pričaš?“, upitala ju je.

Hiraj je izdahnula joj jedan oblačić dima i rekla: „Ljuta je na mene.“

„U kom smislu je ljuta na tebe?“, ispitivala je Kej dalje.

„Nije želela da joj ga prepuste.“

„Šta?“ Kej je iskrenula glavu ne shvatajući o čemu se radi.

„Hotel...“

Hirajina porodica je vodila poznati luksuzni hotel u Sendaju, u prefekturi Mijagi. Njeni roditelji su želeli da ga ostave njoj, ali Hiraj se pre trinaest godina žestoko posvađala sa porodicom i sve od nasledstva ostavili su Kumi. Njeni roditelji su bili odličnog zdravlja, ali su već zašli u godine, pa je u svojstvu budućeg direktora Kumi već preuzela na sebe veliki deo odgovornosti. Od kada je prihvatila novo zaduženje, Kumi je odlazila u Tokio i vraćala se pokušavajući da ubedi sestru da se vrati kući.

„Stalno joj govorim da ne želim da se vratim, ali ona nastavlja da me ubeđuje bez prestanka...“ Hiraj je pokazala na prste kao da želi da prebroji koliko se samo puta to dogodilo. „Malo je reći da je uporna.“

„Ali ne treba da se kriješ od nje.“

„Ne želim da ga vidim.“

„Šta da vidiš?“

„Njen pogled.“

Kej je ponovo iskrenula glavu upitno je gledajući.

„Vidim joj u pogledu. Zbog moje krivice, ona mora da upravlja hotelom koji je ne zanima. Želi da se vratim kući kako bi ona postala slobodna", objasnila je Hiraj.

„Uopšte ne uspevam da shvatim kako to sve pogledom može da kaže", Kej je prokomentarisala sa dozom sumnje.

Hiraj je dovoljno dobro poznavala Kej da zna da u tom trenutku sigurno pokušava da zamisli tu scenu. Zbog njenog doslovnog shvatanja svega često joj je promicala suština.

„Ono što želim da kažem", precizirala je sada Hiraj, „jeste da mi stvara veliki pritisak."

Potom je naborala čelo i izdahnula još jedan oblak dima.

Kej je stajala i mozgala, glave iskrenute u stranu.

„Užas! Zar je moguće da je već ovako kasno?", teatralno je uzviknula Hiraj gaseći cigaretu u pepeljari. „Treba da otvorim bar!" Skočila je sa barske stolice i pažljivo se istegla. „Tri sata čučanja sigurno nije dobro za leđa!"

Hiraj se potapšala po donjem delu leđa i potrčala ka vratima glasno lupajući sandalama.

„Hej! Čekaj! Pismo!", povikala je Kej.

„Baci ga!", odgovorila joj je Hiraj odmahujući rukom ni ne okrenuvši se.

„Ali zar ne želiš da ga pročitaš?"

„Znam već šta piše: *Ne mogu sama. Molim te da se vratiš kući. Brzo ćeš naučiti posao, videćeš!* Nešto tog tipa."

U međuvremenu je Hiraj uzela presavijeni novčanik iz leopardastog nesesera i ostavila novac za kafu na šanku.

„Vidimo se“, rekla je trenutak nakon toga, vidno nervozna da što pre izađe.

Ding-dong

„Ali ne mogu tek tako da ga bacim“, bunila se Kej, pometeno gledajući u pismo.

Ding-dong

Dok je Kej razmišljala šta joj je činiti, čula su se vrata kafića i ušla je Kazu Tokita, koja je sela na mesto gde je pre toga bila Hiraj.

Kazu je bila u nabavci sa svojim rođakom Nagareom, vlasnikom kafića, i vratila se ruku punih kesa i sa ključevima automobila koji su joj zveckali na svežnju navučenom na domali prst. Sada je bila neobavezno obučena, u farmerke i majicu, dok je na poslu uvek nosila leptir-mašnu i kecelju.

„Dobro došla“, rekla joj je Kej osmehujući se, i dalje držeći pismo.

„Izvini ako smo se dugo zadržali."

„Taman posla, nije ni bilo mnogo ljudi."

„Odmah ću se presvući."

Kazuino lice bilo je mnogo živopisnije nego nakon što bi stavila svoju leptir-mašnu. Isplazila je jezik uz lukavi pogled i nestala u prostoriji iza.

Kej je ostala s pismom u rukama. „Može li se znati šta se dogodilo sa mojim mužem?", viknula je Kazu gledajući ka ulaznim vratima.

Kazu i Nagare su uvek išli zajedno u kupovinu, ali ne zato što je bilo previše toga da se kupi, već zato što Nagare nije bio sposoban da to sam uradi kako treba. Toliko je težio da uvek kupuje najbolje da bi često prelazio budžet. Kazuin zadatak je bio da ga nadgleda i sprečava u preterivanju. Dok bi njih dvoje bili napolju, Kej bi sama vodila lokal. Ponekad, kada Nagare ne bi mogao da priušti sastojke koje želi, poludeo bi i otišao da pije.

„Rekao je da će doći kasnije", odgovorila joj je Kazu.

„Eto, mogu da se kladim da je ponovo otišao da pije."

Kazu je provirila kroz vrata i rekla joj kao da se izvinjava: „Ne brini, ovde ću ja držati sve pod kontrolom."

„Ufff... Kakav čovek, ne mogu da verujem!", uzviknula je Kej duboko uzdahnuvši dok se kretala ka Kazu i dalje noseći pismo.

Jedini gosti u lokalu bili su žena u beloj haljini koja je smireno čitala knjigu i Fusagi. Iako je bilo leto, oboje su pili toplu kafu. Postojala su dva razloga za to: pre svega mogla se piti kafa po sopstvenoj želji, a osim toga u lokalu je uvek bilo sveže, tako da temperatura napitka nije predstavljala problem s obzirom na to da su se oboje tamo dugo zadržavali. Kazu se ubrzo pojavila u uobičajenoj uniformi konobarice.

Leto je tek počelo, ali je tog dana napolju bilo preko trideset stepeni. Kazu je prešla nešto manje od sto metara na parkingu, ali joj se znoj još uvek video na licu. Udahnula je i obrisala čelo maramicom.

„Ovaj, izvinite...", obratio joj se Fusagi podižući pogled sa časopisa.

„Da?", odgovorila mu je Kazu pomalo iznenađeno.

„Mogu li da dobijem još jednu?"

„Oh, da, naravno", odgovorila mu je, ostavljajući po strani svoj uobičajeni profesionalni nastup, pričajući neformalno kao i malopre kad je bila u majici.

Fusagi je pogledom ispratio Kazu dok je odlazila u kuhinju. Kada bi dolazio u taj kafić, uvek bi sedao za isti sto, a ukoliko bi se desilo da je neki drugi gost zauzeo to mesto, radije bi odlazio nego što bi sedao drugde. Obično bi dolazio dva ili tri puta sedmično, često posle ručka. Otvarao bi svoj časopis o putovanjima i iščitavao bi ga od prve do poslednje stranice, s vremena na vreme pišući beleške. Obično bi sedeo za svojim stolom sve dok ga ne bi pročitao od početka do kraja, i naručivao bi samo toplu kafu.

Kafu u kafiću pripremali su od zrna poreklom iz Etiopije, veoma specifičnog ukusa. Taj ukus se nije svima sviđao i pored toga što je bio veoma aromatičan; neki su smatrali da je gorak i previše voćkast za kafu. Nagare je insistirao na služenju samo te kafe. Fusagi je obožavao taj lokal i smatrao ga savršenim mestom za opuštajuće prelistavanje časopisa. Kazu se vratila noseći bokal kafe.

Zaustavila se kod njegovog stola i uzela šoljicu da je dopuni. Obično bi Fusagi nastavljao da čita dok bi ona sipala, ali ovog puta bilo je drugačije: čudno ju je gledao u oči.

Primetivši tu novinu, Kazu je pomislila da želi da poruči još nešto. „Želite li još nešto?", pitala ga je s osmehom.

Učtivo joj je uzvratio osmehom. „Izvinite, ali jeste li vi novi?", postiđeno ju je pitao.

Pogled joj je ostao nepromenjen dok je spuštala šoljicu na tacnu ispred Fusagija. „Hm... da", kratko je odgovorila.

„Oh, zaista?", stidljivo je uzvratio. Izgledao je zadovoljno što je time pokazao konobarici da je on stalni gost, a zatim je ponovo sagnuo glavu i vratio se časopisu.

Kazu je nastavila da radi kao da se ništa čudno nije dogodilo. Ali u nedostatku gostiju, nije bilo mnogo toga što je trebalo odraditi. U tom trenutku preostalo joj je samo da posuši tanjire i čaše, pa se tako upustila u razgovor sa Fusagijem. U tako malom i intimnom kafiću lako je bilo upustiti se u razgovor čak i izdaleka bez potrebe da se viče.

„Znači da često dolazite ovde?"

„Da", odgovorio joj je podižući pogled.

„Znate šta se priča za ovo mesto?", nastavljala je ona. „Znate za urbanu legendu?"

„Da, znam sve o tome."

„Čak i za *onu* stolicu?"

„Naravno."

„Zato što ste vi jedan od onih gostiju koji žele da se vrate u prošlost?"

„Da, tačno", odgovorio je bez oklevanja.

Kazu se za trenutak zaustavila. „A ako biste se vratili u prošlost, šta biste tamo uradili?"

Ali odmah se pokajala što je to rekla, iznenadivši sebe svojom nametljivošću. „Izvinite, to se ne pita...", rekla mu je obarajući pogled i vraćajući se prebrisavanju posuđa.

Pogledao ju je i, ne rekavši ništa, iz fascikle na šniranje izvadio braon kovertu pogužvanih ćoškova, koja kao da je tu bila ko zna koliko dugo. Na njoj nije pisala adresa, ali je u potpunosti ličila na pismo.

Fusagi ju je stidljivo podigao u visini grudi kako bi joj je pokazao.

„Šta je to?", upitala ga je, ponovo ostavljajući po strani posao koji je radila.

„Za moju ženu", promrmljao je tiho, „to je za moju ženu."

„To je pismo?"

„Da."

„Za vašu ženu?"

„Tačno, nisam nikad uspeo da joj ga dam."

„Dakle želite da se vratite u taj dan kad ste planirali da joj ga predate?"

„Baš tako", potvrdio je ponovo bez oklevanja.

„A gde je sada vaša žena?", pitala ga je.

Umesto direktnog odgovora, promrmljao je kao da mu je neprijatno: „Ovaj…"

Nastavljala je da ga gleda iščekujući odgovor.

„Nemam pojma", odgovorio je skoro nečujno češkajući se po glavi.

Nakon toga se uozbiljio.

Nije mu ništa odgovorila.

Zatim je Fusagi dodao, kao da se izvinjava: „Ovaj, ali stvarno sam imao ženu", i još dodao: „Zvala se…"

Počeo je da se lupka po slepoočnici. „Ha? E baš divno!", rekao je pognuvši glavu. „Kako se zvala?", ponovio je i zaćutao.

U međuvremnu Kej se vratila iz prostorije iza, lica strašno bledog, možda jer je prisluškivala razgovor između Kazu i Fusagija.

„E baš divno! Žao mi je, ali ja…", rekao je Fusagi trudeći se da se osmehne.

Na Kazuinom licu videle su se pomešane emocije: nije to bio njen uobičajeni ledeni izraz, ali ni preterana empatija.

„Nemojte da brinete…", rekla mu je.

Ding-dong

Kazu je ćuteći gledala ka ulaznim vratima.

„Ah!", poskočila je kad je ugledala Kotake na pragu.

Kotake je bila bolničarka iz obližnje bolnice i najverovatnije se vraćala kući. Umesto uobičajene odeće, nosila je maslinastozelenu tuniku i plave kapri pantalone. Imala je ranac na jednom ramenu i brisala je znoj sa čela lila maramicom. Kotake je klimnuvši pozdravila Kazu i Kej koje su stajale u šanku i uputila se ka Fusagijevom stolu.

„Ćao, Fusagi. Ti si i danas ovde?", upitala ga je.

Čuvši da mu se neko obraća, čovek je na trenutak upitno pogledao Kotake, pre nego što je preusmerio pogled i pognuo glavu bez reči.

Kotake je primetila da nije raspoložen kao inače i pretpostavila je da se možda ne oseća dobro. „Fusagi, je l' sve u redu?", ljubazno ga je upitala.

Fusagi je ponovo podigao pogled i pogledao je u oči. „Izvinite, da li se mi znamo?", pitao ju je tonom kao da se izvinjava.

Kotake je prestala da se smeši. U ledenoj tišini, lila maramica kojom je upravo obrisala znoj ispala joj je iz ruke i završila na podu.

Fusagi je patio od ranog Alchajmera i gubio je pamćenje. Bolest izaziva brzu neurodegeneraciju, mozak atrofira izazivajući gubitak intelektualne sposobnosti i posledične promene ličnosti. Jedan od najneobičnijih simptoma ranog Alchajmera jeste sporadičnost moždanog propadanja: bolesnici zaboravljaju neke stvari, ali se drugih sećaju. U Fusagijevom slučaju, njegovo sećanje je polako nestajalo, a najpre ono najskorije. U međuvremenu, njegova prgava narav postajala je iz dana u dan sve blaža.

U tom trenutku, Fusagi se sećao da ima ženu, ali se nije sećao da je upravo Kotake, koja je bila tu ispred njega, njegova žena.

„Čini mi se da ne", rekla je tiho Kotake, napravivši prvo jedan, a zatim još jedan korak unazad.

Kazu je posmatrala Kotake, dok je Kej gledala u pod, sve bleđa. Kotake je pogledala unaokolo i sela za šank, što dalje od Fusagija.

U tom trenutku primetila je da je ispustila maramicu, ali se pravila da nije njena. Ali Fusagi je primetio maramicu na podu, blizu njegovih nogu, i podigao ju je. Nekoliko trenutaka ju je zagledao, potom je ustao i otišao do šanka gde je sedela Kotake.

„Morate mi oprostiti, ali u poslednje vreme zaboravljam gomilu stvari", rekao je pognuvši glavu.

Kotake ga nije ni pogledala. „U redu je", odgovorila mu je uzimajući maramicu drhtavom rukom.

Fusagi je ponovo pognuo glavu i pokunjeno se vratio na svoje mesto. Seo je, ali je osećao nemir. Nakon što je prelistao nekoliko stranica časopisa, zastao je i počešao se po glavi. Potom je uzeo šoljicu i srknuo gutljaj kafe. Tek što su mu je dopunili, a opet...

„Ufff, već je hladna", promrmljao je.

„Želite li drugu?", upitala ga je odmah Kazu.

Ali on je samo užurbano ustao. „Ne, sada idem", iznenada je rekao i zatvorio časopis, prikupljajući svoje stvari.

Kotake je i dalje gledala u pod, a ruke su joj bile u krilu i čvrsto stiskale maramicu.

Fusagi je prišao kasi. „Koliko vam dugujem?"

„Trista osamdeset jena." Fusagi je iz starog novčanika izvukao novčanicu od hiljadu jena. „U redu, izvolite hiljadu jena", rekao je pružajući joj novac.

„Dali ste mi hiljadu jena", govorila je Kazu nastavljajući da udara tastere.

Fusagi je sve vreme gledao Kotake, ali bez nekog određenog razloga. Izgledalo je kao da samo gleda oko sebe dok čeka da dobije kusur.

„Vaš kusur je šeststo dvadeset jena."

Fusagi je užurbano pružio ruku i uzeo novac. „Hvala na kafi", stidljivo je rekao i istrčao napolje.

Ding-dong

„Hvala, dođite nam ponovo..."

Čim je Fusagi izašao, kafić je utonuo u neprijatnu tišinu. Žena u beloj haljini je mirno čitala knjigu, kao i obično izvan sveta koji je postojao oko nje. Bez muzike u pozadini, jedini zvuk koji se čuo bili su otkucaji kazaljki zidnih satova i povremeno listanje stranica knjige koju je čitala žena u beloj haljini.

Nakon nekog vremena, Kazu je rešila da prekine tu tišinu.

„Kotake...“, rekla je, ali nije uspela da nastavi.

„Sve je u redu, bila sam psihički pripremljena na ovaj dan“, odgovorila je Kotake uputivši osmeh Kej i Kazu. „Ne brinite se.“

Ali ponovo je nastavila da gleda u pod.

Već je bila objasnila Kej i Kazu od čega boluje Fusagi, a to su znali i Nagare i Hiraj. Pomirila se sa činjenicom da će jednog dana u potpunosti zaboraviti ko je. Tokom života se pripremala. „Ako se desi“, govorila bi, „biću njegova bolničarka. Osim toga, ja i jesam bolničarka, tako da to mogu da uradim.“

Prerani Alchajmer se različito razvija od osobe do osobe, u zavisnosti od velikog broja faktora, kao što su starosna dob, pol, uzrok bolesti i način lečenja. Fusagijeva bolest je napredovala veoma brzo.

Kotake je i dalje bila uznemirena činjenicom da ju je zaboravio i pokušavala je svim silama da presloži situaciju u glavi uprkos deprimirajućem trenutku. Okrenula se da priča sa Kej, ali je ona bila otišla u kuhinju. Nakon jednog trenutka, ponovo se pojavila sa flašom od dva litra sakea.

„Poklon jednog gosta“, objasnila je Kej stavivši je na sto. „Da li je neko raspoložen?“, upitala je osmehujući se očima još uvek crvenim od plakanja. Ime na nalepnici glasilo je *Sedam radosti*. Kejin neočekivani predlog uneo je tračak svetlosti u sumornu atmosferu kafića i smanjio napetost.

Kotake je bila neodlučna da li da pije ili ne, ali nije želela da propusti priliku. „Daj, ali samo jednu čašicu...“, rekla je.

Kotake je bila veoma zadovoljna što se opšte raspoloženje popravilo. Čula je da Kej zna da postupa impulsivno, ali nije se baš nadala da će u takvom trenutku ispoljiti svoj vedri duh.

Hiraj je uvek govorila da je Kej *nadarena umećem srećnog življenja*, a zapravo je minut ranije izgledala depresivno, dok je sada Kotake gledala pravo u oči, svojim velikim očima koje su se caklile. Dok ju je posmatrala, Kotake je osetila neobičnu veselost.

„Idem da vidim ima li šta da se zamezi“, rekla je Kazu nestavši u kuhinji.

„Zašto ga ne zagrejemo?“

„Ne, i ovako je dobro.“

„Hajde, pićemo ga ovako.“

Kej je s lakoćom otvorila flašu i nasula sake u čašice koje samo što je poređala na stolu.

Kotake se oteo osmeh kada joj je Kej pružila čašicu. „Hvala“, rekla je uz stidljiv osmeh.

Kazu se vratila sa teglom povrća u turšiji. „Nisam našla ništa drugo…“, rekla je, sipajući povrće na tanjir sa tri viljuške.

„Divno!“, uzviknula je Kej. „Ali ja ne mogu da pijem“, dodala je sipajući sebi iza šanka sok od pomorandže koji samo što je izvadila iz frižidera.

Nijedna od njih tri nije nešto posebno volela sake, a naročito ne Kej, koja uopšte nije pila alkohol. Piće *Sedam radosti* tako se zvalo jer je obećavalo sedam različitih vrsta radosti. Bio je to providan sake, neobojeni, prve klase. Njih dve koje su ga pile nisu obraćale mnogo pažnje na suptilno zamagljenu od hladnoće nijansu tog superfinog sakea, a ni na njegovu voćkastu aromu, ali kad bi došao čas da ga progutaju, osećale bi trenutak radosti koju je natpis sa flaše i obećavao.

Čim je Kotake osetila tu slatku aromu, odmah joj se javila uspomena na jedan letnji dan petnaestak godina unazad, prvi put kada je ušla u taj kafić.

Toplotni talas obavio je Japan i u celoj zemlji beležene su rekordne temperature. Dan za danom na televiziji su neprestano pričali o neuobičajenoj vrućini, krivicu najviše svaljujući na globalno zagrevanje planete. Fusagi je uzeo slobodan dan i otišli su zajedno u kupovinu. Bio je to zaista tropski vreo dan. Umoran i pregrejan, Fusagi ju je molio da nađu neko hladno mestašce da se sklone, te su tako počeli da traže kafić. Problem je bio što su svi tražili neko osvežavajuće utočište i svi kafići su bili prepuni.

Napokon su uočili mali natpis, polusakriven u jednoj uličici. Kafić se zvao kao i pesma koju je Kotake čula davno, ali koje se još uvek sećala. U pesmi se govorilo o penjanju na vrh jednog vulkana. Sama pomisao na užarenu lavu tog vrelog dana činila je dan još vrelijim i na Kotakeinom čelu stvarale su se sitne kapljice znoja. Međutim, čim su otvorili teška drvena vrata, kafić ih je prigrlio svojom prijatnom osvežavajućom atmosferom. Čak je i *ding-dong* zvuk vrata stvarao nekakav utešan osećaj. I pored toga što su unutra bila samo tri stočića za po dvoje i tri barske stolice za šankom, jedina gošća bila je žena u beloj haljini koja je sedela za stolom najudaljenijim od ulaza. Imali su sreće.

„Kakvo olakšanje“, uzdahnuo je Fusagi i seo za sto najbliži ulazu. Trenutak kasnije naručio je hladnu kafu od žene sa caklećim očima koja je odmah donela dve čaše hladne vode. „I za mene isto, molim“, dodala je Kotake, sedajući naspram Fusagija. Fusagiju se možda nije svideo raspored sedenja, pa je nedugo potom ustao i otišao da sedne za šank. Kotake se nije ljutila jer je navikla na takvo njegovo ponašanje. Mislila je samo o tome kako je sjajno što su našli tako prijatan kafić na korak od bolnice u kojoj radi.

Masivne grede na plafonu bile su sjajne tamnobraon boje, poput ljuske kestena, a na zidu su visila tri ogromna sata. Kotake se nije razumela u antikvitete, ali je mogla da se zakune da su iz nekog prošlog vremena. Zidovi su bili od maltera bež boje sa divnom patinom od tamnih fleka koje su nastajale s vremenom. Napolju je bio dan, ali u tom kafiću bez prozora gubio se osećaj za vreme. Prigušeno svetlo davalo mu je nijansu crvenkastosmeđe boje, tako stvarajući utešnu retro atmosferu.

U kafiću je bilo neverovatno sveže iako nije bilo ni traga klima-uređaju. Postojao je samo ventilator od drvenih daščica na plafonu, koji se sporo okretao, i to je sve. Zaintrigirana tim fenomenom, Kotake je pitala Nagarea i Kej za objašnjenje, ali niko od njih dvoje nije joj dao zadovoljavajući odgovor. Odgovorili bi samo: „Ovde je uvek tako."

Kotake se zaljubila u tu atmosferu i u karakter Kej i ostalog osoblja. I tako je počela da često svraća tamo tokom pauza na poslu.

„Žiii...", Kazu je zaustila da kaže „Živeli", ali je u trenu zaćutala kada je shvatila da je pogrešila.

„Čini mi se da nemamo baš nekog povoda za slavlje, zar ne?"

„'Ajmo, glavu gore... hajde da probamo da se oraspoložimo!", uzviknula je Kej ne preterano veselo, okrećući se ka Kotake i saosećajno se osmehujući.

Kotake je podigla čašicu ispred Kazu. „Žao mi je."

„Ne brini, sve je u redu", uveravala ju je Kotake sa osmehom na licu, kucnuvši se čašicom sa Kazu. Zvuk kucanja, harmoničan i veoma veseo, odjeknuo je lokalom. Kotake je otpila gutljaj *Sedam radosti* i sladak ukus pića razlio joj se po nepcima.

„Šest meseci me već zove po devojačkom prezimenu...", rekla je tihim glasom. „Tiho napreduje. Bledi, polako ali neumoljivo... bledi njegovo sećanje na mene, eto." Oteo joj se blagi osmeh. „Spremna sam psihički za taj trenutak, znate", dodala je.

Dok je to slušala, Kej su ponovo zasuzile oči.

„Ali biće sve dobro... ozbiljno", požurila je da doda Kotake, odmahnuvši rukom. „Na kraju krajeva, ja sam bolničarka, zar ne?

Slušajte, čak i da potpuno iščeznem iz njegovog sećanja, biću svakako deo njegovog života kao bolničarka. Uvek ću mu pomagati.“

Kotake je pokušavala na svaki način da ih ubedi, a uostalom zaista je i verovala u to. Želela je da se pokaže hrabrom, a njena hrabrost je bila istinska. „Ja mogu da mu pomognem jer sam bolničarka.“

Kazu se poigravala čašom gledajući je ravnodušno.

Kej su oči još jače zasuzile i na kraju joj se otela jedna suza.

Flap.

Zvuk je dopirao negde iza leđa Kotake. Žena u beloj haljini je zatvorila knjigu.

Kotake se okrenula i videla ženu kako spušta na sto zatvorenu knjigu. Izvukla je maramicu iz bele torbice, ustala i uputila se ka toaletu nečujnim korakom. Da se nije čulo zatvaranje knjige, ne bi ni primetile da je žena krenula u toalet.

Kej je posmatrala Kotake, koja je ženu u beloj haljini pratila pogledom, dok je Kazu samo otpila jedan gutljaj *Sedam radosti* ne trudeći se ni da podigne pogled. Uostalom, to je bila scena koju je ionako viđala svaki dan.

„Kad smo kod toga, može li se znati zašto Fusagi želi da se vrati u prošlost?“, upitala je Kotake posmatrajući praznu stolicu na kojoj je prethodno sedela žena u beloj haljini. Očigledno je dobro znala da je *to* bilo mesto za putovanje kroz vreme.

Pre nego što je Alchajmer uzeo zamaha, Fusagi nije bio neko ko veruje u takve legende. Kada mu je Kotake, ne sa previše ubeđenja u glasu, prenela priču o tom lokalu u kome može da se vraća u prošlost, on se samo nasmejao. Ne, on nije bio od onih koji su verovali u duhove i paranormalne aktivnosti.

Ali kako je počeo da gubi pamćenje, Fusagi, nekada skeptik, počeo je da odlazi u taj kafić iščekujući da žena u beloj haljini oslobodi stolicu. Kada je Kotake saznala za to, trebalo joj je neko vreme da poveruje. Ali promena u ličnosti jedan je od prvih simptoma Alchajmera i sa napretkom bolesti, Fusagi je postao prilično rasejan. U svetlu takve kliničke slike, Kotake je odlučila da ta promena u ličnosti nije ništa čudno.

Ali zašto je želeo da se vrati u prošlost?

Kotake je zaista želela da sazna. Pitala ga je milion puta, ali je uvek dobijala isti odgovor: „To je tajna."

„Izgleda da želi da ti dâ neko pismo", rekla je Kazu kao da joj čita misli.

„Meni?"

„Da, da."

„Pismo?"

„Fusagi je rekao da nikad nije uspeo da ti ga dâ."

Kotake je ostala bez reči, a onda samo rekla: „Razumem..."

Pred takvom neočekivano hladnom Kotakeinom reakcijom na ono što joj je rekla, Kazu je ostala prilično zbunjena. Da li je pogrešila što joj je rekla?

Ali Kotakeina reakcija nije imala veze sa Kazu. Pravi razlog bio je u tome što čitava ta stvar sa pismom nije imala mnogo smisla. Na kraju krajeva, Fusagi nikad nije voleo da piše, pa čak ni da čita.

* * *

Fusagi je rođen u siromašnoj porodici, u jednom napuštenom gradiću. Njegovi su trgovali algama i svi su se u porodici trudili da budu od koristi. Uporno se trudeći da i on bude od koristi, Fusagi je u potpunosti naučio da piše hiraganom i stotinak ili i više kandži slovnih znakova. Uglavnom ono što deca uče u prvim razredima osnovne škole. Kotake i Fusagi su se upoznali zahvaljujući zajedničkom prijatelju, kad je ona imala dvadeset i jednu, a on dvadeset i šest godina. Kako tada još nisu postojali mobilni telefoni, jedini način da komuniciraju bili su fiksni telefon ili pisanje pisama. Fusagi je želeo da bude dizajner vrtova i s vremena na vreme živeo bi u gradu gde bi dobio angažman. Pored toga, Kotake je upisala školu za bolničarke, tako još više umanjujući mogućnost da se često viđaju. Ali uvek su komunicirali preko pisama.

Kotake je u svojim pismima pisala o svemu, ali posebno o sebi, naravno. Pisala je šta se dešava na univerzitetu, koje knjige čita, kako zamišlja svoju budućnost. Pisala je o uopštenim događajima, od najnebitnijih do vesti dana, objašnjavajući do detalja svoja osećanja i svoje reakcije po tom pitanju. Često se dešavalo da njena pisma budu dugačka i deset strana.

Dok su Fusagijevi odgovori uvek bili veoma kratki, ponekad i samo jedan red. *Hvala ti na tvom veoma zanimljivom pismu*, ili: *Razumem na šta misliš*. U početku je Kotake mislila da je to zbog toga što je prezauzet poslom i što nema mnogo vremena da piše, ali kako je vreme prolazilo, Fusagijeva pisma su i dalje bila štura, bez izuzetka, nikad se nije više raspisao. Na kraju je Kotake zaključila da nije zainteresovan za nju i napisala mu je da u tom slučaju ne mora ni da se muči da joj odgovara, jer mu neće više pisati.

Fusagi je obično odgovarao u roku od nedelju dana, ali ne i tog puta. Ni nakon mesec dana nije bilo odgovora. Bio je to veliki šok za Kotake. Fusagijevi odgovori jesu uvek bili kratki, ali nikada nije bilo negativnog prizvuka, kao da su iznuđeni na silu. Naprotiv, uvek su zvučali neuvijeno i iskreno, te tako Kotake nije želela da odustane. Dva i po meseca nakon njenog ultimatuma, Kotake je i dalje čekala.

I tako je jednog dana, nakon ta preduga dva i po meseca, konačno stiglo pismo od Fusagija. U njemu je kratko pisalo: *Venčajmo se.*

Samo te dve reči uspele su da je uzbude kao nikad ništa do tada u životu. Međutim, nije bilo lako odgovoriti na isti način na takvo pismo. I tako, na kraju, s obzirom na to da joj je Fusagi otvorio svoje srce na takav način, ona mu je odgovorila: *U redu.*

Tek kasnije je otkrila da on skoro da ne zna ni da čita ni da piše, i tada ga je upitala kako je uspevao da dešifruje sva ona njena dugačka pisma. Prema njegovim rečima, mogao je samo da luta pogledom između redova, da bi joj na kraju odgovorio na osnovu nejasne predstave o tome šta piše u pismu. Ali kada je bilo u pitanju poslednje pismo, savladao ga je osećaj da nije razumeo nešto bitno. Čitao ga je reč po reč, pitajući ljude za pojedinačna značenja, i to je bio razlog što mu je trebalo više vremena da joj odgovori.

* * *

Kotake je i dalje izgledala veoma zbunjeno.

„Bila je to braon koverta, manje-više ovih dimenzija“, rekla joj je Kazu iscrtavajući kovertu u vazduhu.

„Braon koverta?“

Braon koverta je bila logičan izbor za Fusagija, ali Kotake i dalje nije uspevala da prokljuvi šta bi to moglo biti.

„Možda je ljubavno pismo?“, usudila se Kej da izusti, dok su joj oči i dalje svetlucale nevinim odsjajem.

Kotake se ironično osmehnula i odgovorila joj: „Nije, taman posla“, uzdahnula je, oteravši i samu pomisao na tako nešto pokretom ruke.

„Ali da stvarno jeste ljubavno pismo, šta bi uradila?“, upitala ju je Kazu uz stidljivi osmeh.

Obično se nikad nije mešala u privatne živote drugih ljudi, ali možda je sada jednostavno samo pokušavala da odagna loše raspoloženje koje do tog trenutka vladalo u kafiću.

I sama željna da preusmeri razgovor u drugom smeru, Kotake je rado prihvatila teoriju o ljubavnom pismu i pored ignorisanja činjenice koliko slabo je Fusagi znao da čita i piše.

„Hm, pa verovatno bih želela da ga pročitam“, odgovorila je na pitanje uz osmejak.

To naravno nije bila laž. Da joj je napisao ljubavno pismo, naravno da bi želela da ga pročita.

„Zašto se ne bi vratila unazad i videla?", predložila joj je Kej.

„Šta?", rekla je Kotake gledajući Kej i ništa ne shvatajući.

Kazu je lupnula čašicom o površinu šanka čim je čula tu ludu ideju Kej. „*Sis*, da li si ozbiljna?!", uzviknula je skoro se unevši Kej u lice.

„Kotake bi trebalo da ga pročita", ponovila je ubeđena Kej.

„Kej, draga, čekaj trenutak", Kotake je rekla pokušavajući da urazumi Kej, ali već je bilo kasno.

Kej je disala s mukom i nisu je zanimali Kotakeini pokušaji da je smiri. „Ako ti je Fusagi napisao ljubavno pismo, moraš da ga pročitaš!"

Kej je bila ubeđena da se radi o ljubavnom pismu i nije postojao način da je neko odvrati od njenog nauma. Kotake ju je dovoljno dobro poznavala da bi to znala.

Kazu nije bila previše srećna kako se situacija odvija, ali samo se nasmešila uz kratak izdah.

Kotake je nastavila da gleda u slobodnu stolicu na kojoj je prethodno sedela gospođa u beloj haljini. Čula je za tu legendu o putovanju kroz vreme i znala je za sva ona frustrirajuća pravila, ali nijednom – čak ni jedan jedini put – nije uzela u razmatranje pomisao da putuje kroz vreme. Nije znala ni da li je legenda istinita. Ali ako nekim slučajem jeste, sada je bila veoma zainteresovana da isproba. Svim srcem je želela da sazna šta piše u tom pismu. Ako je Kazu bila u pravu, vraćanje u dan kada je Fusagi odlučio da joj ga dâ značilo je da je još moguće da ga pročita.

Ali u tom trenutku javila joj se dilema. Ako zna da Fusagi želi da se vrati u prošlost da joj preda pismo, da li je ispravno da se ona vrati da ga primi? Bila je veoma neodlučna, jer joj se činilo da to nije bio pravi način da dobije šta je htela. Duboko je udahnula i smireno analizirala situaciju.

Sećala se pravila da, i ako se vrati u prošlost, sadašnjost se neće promeniti koliko god da se trudi. Zbog toga, čak i da se vrati u prošlost i pročita pismo, ništa se svakako neće promeniti.

„Ne, neće se promeniti“, hladno joj je odgovorila Kazu kada ju je još jednom pitala kako bi proverila.

Kotake se prilično uznemirila od same pomisli da će, i ako se bude vratila u prošlost i ako bude primila pismo, u sadašnjosti Fusagi svejedno želeti da se vrati unazad da joj ga dâ.

Popila je naiskap *Sedam radosti*, baš ono što joj je trebalo da se odluči. Spustila je čašicu na šank i izdahnula vazduh. „Naravno, naravno“, prošaputala je. „Ako je to stvarno ljubavno pismo za mene, šta je loše u tome da ga pročitam?“

Sama činjenica da ga je nazvala *ljubavnim pismom* rasterala joj je osećaj krivice.

Kej je klimnula puna entuzijazma i takođe popila svoj sok od pomorandže, kao da time želi da pokaže svoju solidarnost, nozdrva uzdrhtalih od uzbuđenja.

Kazu nije učinila što i one, već je ostavila svoju čašicu na šanku i nestala u kuhinji.

Kotake je stajala pred stolicom koja je trebalo da je vrati u prošlost. Osećajući kako joj krv ludački jurca kroz vene, zavukla se u prostor između stolice i stola, pa naposletku sela. Sve stolice u kafiću bile su starinske, elegantne i izvijenih nogara. Sedalo i naslon bili su obloženi tkaninom mahovina-zelene boje i najednom ih je Kotake posmatrala drugim očima. Primetila je da su sve stolice u odličnom stanju iako nisu potpuno nove. Ali to nije bio slučaj samo sa stolicama: ceo kafić je izgledao besprekorno. Ako je otvoren na početku Meiđi perioda, mora da je radio već više od sto godina. Međutim, nije bilo ni trunke prašine.

Uzdahnula je diveći se.

Znala je da je, da bi kafić tako izgledao, neko morao da ga svakodnevno dobar deo dana čisti i glanca. Kada se okrenula, videla je Kazu koja joj se nečujno približila. Bilo je nečega neobičnog u njenom izgledu: u rukama je držala srebrni poslužavnik sa belom šoljicom i malim srebrnim bokalom, umesto običnog staklenog bokala za kafu kojim je služila goste.

Kotake se štrecnula kada ju je tako ugledala. Nije više izgledala kao devojčica, i imala je profesionalni izgled lica, u isto vreme pomalo neprijateljski.

„Pravila znaš, zar ne?“, upitala ju je Kazu ravnodušno.

Kotake ih je užurbano još jednom ponovila u sebi.

Prvo je bilo da su se u prošlosti mogle sresti samo one osobe koje su bile u kafiću.

„To svakako nije problem", rekla je sebi Kotake. „Fusagi je ovde bio milion puta."

Drugo je bilo da se sadašnjost neće promeniti bilo šta da uradi. Kotake je već odlučila da ni ovo pravilo ne predstavlja problem. Očigledno, to se nije samo odnosilo na pisma: ako bi na primer bio otkriven revolucionarni lek protiv Alchajmera i ako bi ga odnela u prošlost kako bi ga testirala na Fusagiju, nikad ne bi uspela da poboljša njegovo stanje.

Kakvo surovo pravilo.

Treće je bilo da, kako bi se vratila u prošlost, mora da sedne baš na ono određeno mesto. Sasvim slučajno, žena u beloj haljini je otišla u toalet baš u tom trenutku, tako da se prilika namestila, kao poručena za Kotake. Čula je takođe da se govori – ali nije znala da li je to tačno – da ako probaš da pomeriš tu ženu na silu, ona će baciti kletvu na tebe. Slučajnost ili ne, Kotake je bila srećna.

Ali spisak pravila se tu nije završavao.

Četvrto je bilo da ne smeš da se pomeraš sa stolice kada se vratiš u prošlost. Nije da mora da sedi kao da je zalepljena lepkom za stolicu, ali se nije smelo ustajati sa nje, inače biste se odmah vratili u sadašnjost. Kako se kafić nalazio u podrumu, nije bilo dometa i nije se moglo vratiti nazad i pozvati nekoga. Uz to, kako se stolica nije mogla napustiti, nije se moglo ni izaći. Eto još jednog groznog pravila.

Kotake je čula da je godinama unazad kafić postao izuzetno poznat i da je privlačio masu ljudi nestrpljivih da se vrate u prošlost.

„Pored svih ovih suludih pravila, nije ni čudo što su ljudi prestali da dolaze“, pomislila je.

Kotake je najednom primetila da Kazu ćutke iščekuje njen odgovor. „Treba da popijem kafu pre nego što se ohladi, zar ne?“

„Da.“

„Nema više ništa?“

Zapravo je želela da zna još nešto: kako je mogla da bude sigurna da se vratila u pravi dan i pravo vreme?

„Treba precizno da vizualizuješ sliku dana u koji želiš da se vratiš“, u tom trenutku dodala je Kazu, kao da joj čita misli.

Jednostavan zahtev da vizualizuje tu sliku bio je prilično težak. „Sliku?“, upitala je Kotake.

„Dan kada te se Fusagi još uvek sećao. Dan kada je hteo da ti preda ono pismo... i dan kada je došao u kafić sa pismom.“

„Dan kad me se još uvek sećao.“ Bilo je teško odrediti, ali joj je pao na pamet letnji dan od pre tri godine. U to vreme Fusagiju se još nisu pojavili prvi simptomi.

„Dan u kom je želeo da mi dâ pismo.“ To je bilo teško. Ako ga nikad nije primila, kako je mogla da zna za taj dan? Sigurno nije trebalo da se vrati u dan kad ga još uvek nije napisao, zato je odlučila da vizualizuje sliku Fusagija kako ga piše.

„I poslednji, dan kada je došao u kafić sa pismom." Taj dan je bio važan. Ako bi uspela da se vrati u prošlost i da ga tamo sretne, ako on tada ne bi imao pismo sa sobom, sve bi bilo uzalud. Srećom, znala je da Fusagi sve važne stvari stavlja u svoju crnu fasciklu na šniranje, koju posle uvek nosi sa sobom. Ako je to stvarno bilo ljubavno pismo, nikada ga ne bi ostavio kod kuće. Ne, sigurno bi ga sakrio u svoju fasciklu tako da ga ona slučajno ne pronađe.

Nije znala kada je želeo da joj ga preda, ali morala je da pronađe neki način i zato je vizualizovala Fusagija kako ulazi u kafić sa fasciklom u ruci.

„Jesi li spremna?", smireno ju je upitala Kazu.

„Samo trenutak." Duboko je udahnula i još jednom vizualizovala sve slike. „Dan kad još uvek nije počeo da zaboravlja… pismo… dan kada je došao…", tiho je nabrojala.

„Okej, sada treba prestanemo da gubimo vreme."

„Spremna sam", reče, gledajući Kazu u oči.

Kazu je klimnula, pred Kotake stavila praznu šoljicu i desnom rukom uzela srebrni bokal. Njeni pokreti, kao kod neke balerine, bili su spretni i puni gracioznosti.

„Bitno je…", prekinula je Kazu Kotake očiju uprtih u pod, „da popiješ kafu pre nego što se ohladi."

Te reči su odjeknule u kafiću i Kotake je osetila da je atmosfera postala napetija.

Mlaz crne kafe pojavio se iz kljuna srebrnog bokala.

Za razliku od grgoljenja koje je proizvodila kafa iz širokog otvora bokala, ovog puta se bela šoljica napunila bez šuma i tegobno sporo.

Bio je to prvi put da Kotake vidi sličan bokal. Bio je nešto manji od onih koje je viđala u drugim kafićima. Strogih linija, a opet elegantan i prefinjen. „Sigurno i kafa iz njega mora da bude posebna“, reče.

Dok su joj te misli prolazile kroz glavu, iz šoljice se uzdigla tanana nit dima i sve oko nje je počelo da se talasa i podrhtava. Celo vidno polje izgledalo joj je u trenutku nestvarno. Pomislila je na čašicu *Sedam radosti* koju je malopre popila. Da to nisu bili njeni efekti?

Ne, ovo je bilo nešto sasvim drugo, znatno zabrinjavajuće. Čak je i njeno telo počelo da se talasa i da podrhtava. Postala je dim koji se dizao iz šoljice. Kao da se svaka stvar oko nje topila.

Kotake je zažmurila, ne zbog toga što se plašila, već da bi mogla da se usredsredi. Ako stvarno putuje kroz vreme, želela je da bude spremna.

Kotake je prvi put primetila promenu kod Fusagija zbog nečega što je rekao. Onog dana kada je glasno priznao šta mu se desilo, Kotake je spremala večeru dok ga je čekala da se vrati s posla.

Dizajner vrtova ne treba samo da nosi granje i grabulja lišće, već ima i zadatak da uspostavi ravnotežu između izgleda kuće i dvorišta. Dvorište ne sme biti ni prešareno, ali ni previše monotono. „Glavna reč je ravnoteža“, uvek je govorio Fusagi. Njegov radni dan počinjao je veoma rano i završavao se zalaskom sunca. Osim ako ne bi bilo nekog posebnog razloga, Fusagi se obično odmah vraćao kući, tako da bi ga Kotake, kad ne bi radila noćnu smenu, čekala da zajedno večeraju.

Ali tad je Fusagi kasnio i još ga nije bilo da dođe kući. To nije bilo njegovo uobičajeno ponašanje. Kotake je pretpostavila da je izašao na piće sa kolegama.

Kada se konačno vratio kući, kasnio je dva sata. Kad bi se vraćao kući, zvonio bi tri puta, međutim, to veče uopšte nije ni zvonio. Kotake je čula kvaku i glas koji je spolja govorio: „Ja sam!“ Požurila je ka vratima i panično ih otvorila. Bila je sigurna da se povredio i da ko zna zbog čega nije mogao da zvoni. Međutim, Fusagi je izgledao sasvim normalno u svojoj radničkoj sivoj kecelji sa plavim bretelama. Skinuo je torbu sa alatom sa ramena i gledajući je postiđeno, rekao: „Izgubio sam se.“

Bilo je to pred kraj leta pre dve godine.

Kako je bila bolničarka, Kotake je bila naviknuta da prepoznaje rane simptome raznih bolesti. Tu se nije radilo samo o slučajnoj rasejanosti, bila je sigurna. Nedugo potom Fusagi je počeo da zaboravlja da li je obavio neki posao ili ne, a s vremenom se bolest pogoršala i dešavalo mu se da se probudi noću i da viče: „Zaboravio sam nešto važno!“ U tim slučajevima, ona nije ni pokušavala da diskutuje o tome, već bi samo pokušavala da ga smiri i da ga ubedi da će ujutru zajedno to proveriti.

Kotake se čak konsultovala i sa doktorom bez njegovog znanja. Želela je da na sve načine uspori napredak bolesti, pa makar i malo.

Ali kako su dani prolazili, on je zaboravljao sve više stvari.

Voleo je da putuje. Nije ga privlačilo putovanje kao takvo, već mogućnost da poseti vrtove na raznim mestima. Kotake se uvek trudila da uzima odmor kad i on kako bi zajedno putovali. On se žalio i govorio da su to poslovna putovanja, ali ona se nije ljutila. Tokom odmora stalno bi bio namršten, ali to je značilo da radi nešto što mu se sviđa i ona je to vrlo dobro znala.

Uprkos napretku bolesti, nije prestajao da putuje, samo je uvek birao da poseti ista mesta.

Nakon nekog vremena bolest je počela da se odražava i na njihov svakodnevni život. Povremeno bi zaboravio da je nešto kupio i sve češće se dešavalo da pita: „A ko je ovo kupio?“ Potom bi, neizbežno, ostatak dana bio loše raspoložen. Živeli su u istom stanu u koji su se preselili nakon venčanja, ali se dešavalo da se ne vrati kući i ona je često primala pozive iz policije. Onda, od pre oko šest meseci, počeo je da je zove njenim devojačkim prezimenom, Kotake.

* * *

Naposletku je osećaj vrtoglavice i drhtanja prestao i Kotake je ponovo otvorila oči. Ugledala je plafonski ventilator, kako se polako okreće... pa svoje ruke i svoja stopala. Nije više bila sačinjena od dima.

U svakom slučaju, i dalje nije znala da li se zaista vratila u prošlost. Kafić nije imao prozore i svetlost je uvek bila prigušena. Osim gledanja na sat, nije bilo drugog načina da se zna je li dan ili noć. Tri ogromna sata zakačena na zidu pokazivala su različito vreme.

Međutim, nešto je bilo drugačije. Kazu je nestala, a nije bilo ni Kej. Kotake je pokušala da se smiri, ali koliko god se trudila, nije uspevala da uspori rad srca. Ponovo se osvrnula oko sebe.

„Ovde nema nikoga“, promrmljala je. Ali, pre svega, nije bilo Fusagija, koji je bio njen jedini razlog putovanja u prošlost.

Kao omamljena, posmatrala je ventilator na plafonu i razmatrala situaciju.

Prava šteta, ali možda je tako i bolje. Čak je, na neki način, osećala olakšanje. Naravno, žarko je želela da pročita to pismo, ali nije mogla a da se ne oseća kao njuškalo. Fusagi bi se naljutio ako bi saznao da se vratila u prošlost kako bi ga pročitala. Šta god da uradi, sadašnjost se svakako neće promeniti. Čak i da ga nikada i ne pročita, bilo bi isto. Kada bi se Fusagijevo stanje popravilo ukoliko bi pročitala pismo, onda bi svakako to uradila, dala bi život da njemu bude bolje. Ali pismo nije imalo nikakve veze sa njegovom bolešću, i ono ne bi promenilo činjenicu da ju je već zaboravio.

Objektivno je preispitala situaciju. Nešto malo ranije pitao ju je da li se poznaju, i zbog toga je upala u krizu. Oduvek je znala da će se to pre ili kasnije dogoditi, ali to neočekivano pitanje zateklo ju je nespremnu i katapultiralo je tamo, u prošlost.

Počinjala je da polako vraća prisebnost.

Ako je to zaista bila prošlost, onda u njoj nije bilo ničega korisnog.

„Zbog toga moram da se vratim u sadašnjost. Iako sam sada za Fusagija stranac, uvek mogu da mu budem bolničarka. Treba da uradim ono što mogu." Setila se svog zaveta i obnovila ga.

„U dubini duše sumnjam da je to uopšte ljubavno pismo", progunđala je, istovremeno pružajući ruku da uzme šoljicu sa kafom.

Ding-dong

Neko je stigao. Da bi ušao u kafić, gost je morao da siđe niz stepenište iz prizemlja i otvori ogromna drvena vrata od dva metra. U tom trenutku oglasilo se zvono, ali gost se još uvek nije pojavio jer je morao prvo da prođe kroz hodničić, od samo nekoliko koraka, da bi se onda pojavio u kafiću.

Zbog toga, kad se zvono oglasilo, Kotake nije imala predstavu ko bi to mogao da bude. „Da nije Nagare? Ili Kej?" Osetila je nervozu zbog iščekivanja, a srce joj je sve jače lupalo. To joj se nije često dešavalo, zapravo, skoro nikad. „Ako je Kej, pitaće me otkud ja ovde. Ali ako je Kazu, ona će se ponašati kao i uvek… i činiti me veoma nervoznom."

Kotake je zamišljala različite moguće scenarije, ali osoba koja se pojavila nakon nekoliko sekundi nije bila ni Kej ni Kazu. Na pragu je stajao Fusagi.

„Oh!", uzviknula je Kotake. Njegova iznenadna pojava ju je zatekla. Vratila se u prošlost zbog njega, ali nije očekivala da će doći baš u tom trenutku.

Nosio je plavu polo majicu i bež bermude, baš ono što obično nosi u slobodno vreme. Napolju mora da je bilo prevruće jer se hladio mašući crnom fasciklom na šniranje.

Ona je nepomično sedela na svom mestu, dok ju je on nesigurno posmatrao sa vrata.

„Hej, ćao", pozdravila ga je.

Nije znala kako da se suoči sa pitanjem zbog kog se i vratila u prošlost. Nikad je nije gledao na taj način. Ne od kada su se upoznali, i sve manje i manje od kada su se venčali. Zavodnički, a u isto vreme postiđeno.

Vizualizovala je ne baš najjasniju sliku od pre tri godine, ali nije bila sigurna u vezi sa tačnim datumom. Možda je pogrešila i vratila se tri *dana* unazad. Ali taman kad je počela da pomišlja kako je bila previše neodređena…

„Hej, ćao, nisam mislio da ću te ovde sresti", uzvratio joj je najnormalnijim tonom.

Fusagi je izgledao kao iz perioda pre nego što se razboleo i ličio je na onog Fusagija kog je ona zamišljala, to jest, onakvog kakvog ga se sećala.

„Čekao sam te, ali se nisi vratila kući“, rekao joj je skrećući pogled u stranu. Nakašljao se nervozno, izgledajući postiđeno, skoro kao da mu je neprijatno.

„Jesi to stvarno ti?“, upitala ga je.

„Ha?“

„Znaš ko sam?“

„Molim?“, upitao ju je zbunjeno.

Naravno, nije se šalila, ali je morala da bude sto posto sigurna. Nije bilo više sumnje da se zaista vratila u prošlost, ali koji je to datum bio? Pre ili na samom početku Alchajmera?

„Molim te, reci kako se zovem“, usudila se i to da ga pita.

„Hoćeš li prestati da me zezaš?“, odgovorio je oštro.

To nije bio odgovor koji je želela, ali se Kotake nasmešila osećajući olakšanje.

„Ne, dobro je ovako“, rekla je lagano zavrtevši glavom.

Ovaj mini-dijalog otkrio joj je sve što je želela da čuje. Da, zaista se vratila u prošlost. Fusagi koji je stajao pred njom bio je Fusagi koji još uvek nije izgubio sećanje. I ako je slika koju je vizualizovala bila tačna, to mora da je bio Fusagi od pre tri godine. Kotake se nasmešila bespotrebno mešajući kafu.

Fusagi je i dalje posmatrao Kotake i njeno neobično ponašanje.

„Danas si malo čudna, znaš?“, rekao joj je gledajući unaokolo kao da je upravo shvatio da su sami.

„Nagare, jesi li tu?“, povikao je u pravcu kuhinje.

Kako mu niko nije odgovarao, otišao je iza šanka šljapkajući japankama i provirio u prostoriju u kojoj nije našao nikoga.

„Baš čudno, nema žive duše“, promrmljao je dok je sedao na barsku stolicu daleko od Kotake.

Ona se nakašljala kako bi mu privukla pažnju, a on je pogledao mrzovoljno.

„Šta je bilo?“

„Zašto si seo tu?“

„A što da ne? Šta je tu loše?“

„Zašto ne sedneš ovde blizu mene?“

Lupnula je po stočiću kako bi ga pozvala da sedne na slobodnu stolicu nasuprot nje, ali se on namrštio.

„Ne, ovde mi je dobro, hvala“, odgovorio je.

„Daj, dođi ovamo… Zašto nećeš?“

„Zreli bračni par sedi zajedno prilepljen jedno za drugo kao… neee!“, izjavio je Fusagi ponovo neprijatnim tonom sa sve dubljom borom između obrva. Izgledalo je kao da mu se ne dopada ideja, ali kada bi tako namrštio čelo, to nije značilo da je neraspoložen. Baš naprotiv, to je kod njega bio znak dobrog raspoloženja.

Kotake je to odlično znala, kao i to da je to bio način da sakrije postiđenost.

„Tačno, jesmo bračni par“, složila se uz osmeh, srećna što ponovo čuje reč *par* iz njegovih usta.

„Ej… nemoj sad da se raznežiš…“

Svaka njegova reč zapljuskivala ju je nostalgijom… i srećom. Odsutno je otpila gutljaj kafe.

„O-o“, reče Kotake naglas, osetivši koliko se kafa već ohladila. Setila se da joj je preostalo još samo malo vremena da uradi ono što je htela.

„Slušaj, htela sam da te pitam nešto.“

„Šta? O čemu se radi?“

„Ima li nešto… nešto što želiš da mi daš?“

Srce je počelo pomahnitalo da joj lupa. Fusagi je pismo napisao pre nego što se razboleo i *možda* je moglo biti o ljubavi. „Ne, nemoguće, svašta…“, govorila je sebi. „Ali ako jeste…“ Sigurna u to da se sadašnjost svakako neće promeniti, sad bi dala sve na svetu da ga pročita.

„Molim?“

„Manje-više ovih dimenzija…“

Kotake je prstima u vazduhu iscrtala oblik pisma onih dimenzija, baš kako je njoj ranije pokazala Kazu. Njen direktni pristup ga je uspaničio i ostao je nepomično da je gleda. „Eto, sve sam upropastila“, pomislila je videvši njegov izraz lica. Zatim se setila da se nešto slično već dogodilo malo nakon njihovog venčanja.

Fusagi joj je kupio poklončić za rođendan, ali ga je ona pronašla među njegovim stvarima. Kako pre toga nikad ništa od njega nije dobila, Kotake je jedva čekala da otvori taj prvi poklon. Na dan njenog rođendana, kada se vratio kući s posla, bila je toliko uzbuđena da ga je odmah pitala: „Nemaš nešto posebno za mene danas?“ Ali je on ravnodušno odreagovao: „Ne, ništa posebno.“ Sledeći dan, pronašla je pokločić u kanti za smeće. Bila je to lila maramica.

Sad joj se učinilo da je napravila istu grešku. On je mrzeo da mu govore da uradi nešto što je već odlučio da će uraditi, i zbog toga se uplašila da, i ako je možda imao kod sebe pismo, sad joj ga neće dati. Pogotovo ako se stvarno radilo o ljubavnom pismu. Pokajala se zbog brzopletosti iako joj je ponestajalo vremena. On ju je i dalje uspaničeno gledao, a ona mu se osmehnula.

„Izvini, nisam htela. Zaboravi“, Kotake mu je smireno odgovorila. Zatim mu je, kako bi spustila tenziju, predložila: „Hej, nešto sam razmišljala, šta kažeš da večeras napravimo sukijaki?“

To je bilo Fusagijevo omiljeno jelo. Kad bi bio neraspoložen, ovo jelo činilo je čuda.

Kotake je uzela šoljicu i dlanom proverila temperaturu kafe. Kafa još uvek nije bila hladna, imala je još vremena, tako da je mogla još malo da uživa u tim dragocenim trenucima zajedno sa njim. Nakratko je želela da zaboravi na ono pismo, ali sudeći po njegovoj reakciji, reklo bi se da ga jeste napisao. U suprotnom bi rekao nešto neodređeno poput: „Ma o čemu dođavola pričaš?“ Ako nastavi da ga pritiska, on će baciti pismo, i zato je odlučila da promeni strategiju. Probaće da mu popravi raspoloženje kako bi izbegla ono što se desilo za njen rođendan.

Pogledala ga je. On je i dalje bio ozbiljan, ali uvek je bio takav. Nije želeo da ona poveruje da je bilo dovoljno samo izgovoriti reč sukijaki pa da se on odmah oraspoloži. Ne, ne, nije on bio tako lak! To je bio Fusagi pre bolesti. Čak i njegovo namrgođeno lice za nju je bilo dragoceno. Bio je pravi blagoslov biti ponovo sa njim.

Ali ovog puta Kotake je pogrešno shvatila.

„O, sada znam o čemu je reč!", izjavio je on tužnog pogleda, ustavši sa barske stolice i posadivši se ispred nje.

„Šta hoćeš da kažeš?", pitala ga je gledajući ga pravo u oči, dok ju je on gledao skoro pa nadmoćno. „Šta nije u redu?" Bio je to prvi put da ga je videla takvog.

„Ti dolaziš iz budućnosti… jelda?"

„Molim?"

Zvučao je apsurdno, ali je zapravo bio u pravu, ona je zaista dolazila iz budućnosti.

„Hmm, ovaj, slušaj…" U međuvremnu, Kotake je pokušavala da ostane nedorečena, pokušavajući da se seti da li je postojalo neko pravilo poput: *Kad se vratiš u prošlost, ne smeš da otkrivaš da dolaziš iz budućnosti.* Ne, činilo joj se da nije postojalo.

„Slušaj, mogu da ti objasnim…"

„Zapravo, bilo mi je veoma neobično što si sela baš na *tu* stolicu."

„Da, ovaj… vidi…"

„To znači da znaš za moju bolest."

Kotake je ponovo osetila da joj se srce sprema na galopiranje. Mislila je da se vratila u doba pre njegove bolesti, ali očigledno nije bilo tako. Fusagi koji je stajao pred njom vrlo dobro je znao da je bolestan.

Po njegovoj odeći bilo je jasno da je napolju vrelo, pa je Kotake mislila da se vratila u leto pre dve godine kada je počeo da se gubi, a ona počela da primećuje prve simptome. Međutim, da se vratila samo godinu dana unazad, bilo bi im veoma teško da vode normalan razgovor.

Umesto tri godine unazad, vratila se u dan koji je zadovoljavao kriterijume koje postavila: *dan u kome je se još uvek sećao… dan kad je hteo da joj dâ pismo… i dan kad je došao u kafić sa pismom.* Tri godine ranije ga možda još nije bio ni napisao.

Fusagi koji je stajao pred njom znao je da je bolestan, zato sadržaj pisma mora da se ticao njegove bolesti. Štaviše, način na koji je reagovao na njenu jednostavnu aluziju, izgledao je kao prava potvrda.

„Znaš za to, zar ne?“, ponovio je agresivnijim tonom, insistirajući na odgovoru. U tom trenutku, Kotake je shvatila da ne može više da laže i klimnula je ćutke.

„Razumem“, promumlao je.

Ona se ponovo smirila: „Okej, šta god da se desi, sadašnjost se neće promeniti. Ali mogla bih da ga rastužim… Nikad se ne bih vratila u prošlost da sam mogla da pretpostavim da će se stvari ovako odvijati. Koliko je samo bila glupa ideja da se uopšte radi o ljubavnom pismu!“

U potpunosti se pokajala što je želela to prokleto putovanje nazad u prošlost. Ali sada nije bio trenutak da se sažaljeva.

On je ćutao utučenog pogleda.

„Ljubavi moja?“, obratila mu se.

Nikad ga nije videla tako deprimiranog, cepalo joj se srce. Iznenada joj je okrenuo leđa i vratio se za šank, potom je uzeo crnu fasciklu, izvukao braon pismo i vratio se kod nje. U tom trenutku, njegov izraz lica izgledao je više postiđeno nego tužno.

„Ona *ti* koja živi u sadašnjosti još ne zna za moju bolest…“, počeo je da mrmlja promuklim glasom, gotovo da se nije čuo.

„Možda on tako misli, ali ja *ta* to već zna ili će uskoro saznati.“

„Prosto ne znam kako to da ti kažem…“, gunđao je, držeći kovertu pred njenim očima. To pismo je trebalo da joj otkrije da on ima Alchajmera.

„Ali ja ne moram da ga čitam… već znam. Imalo bi više smisla da ga daš *meni* iz prošlosti, *meni* kojoj Fusagi ni na koji način ne uspeva da preda to pismo… U redu, ako baš ne ide sa tom verzijom mene, to dalje znači da ću ga ja uzeti. Tako stoje stvari.“

U tom trenutku je odlučila da ode pre nego što bi se dalje dotakli pitanja njegove bolesti. Najgori mogući scenario bio je da je pita kakav je u budućnosti. Ako bi je pitao o napretku bolesti, ko zna kako bi na njega to uticalo. Morala je da ode pre nego što je to pita. Došao je trenutak da se vrati u sadašnjost…

Temperatura kafe je opominjala da je vreme da je popije naiskap.

„Ne sme da mi se ohladi kafa", rekla mu je prinoseći šoljicu ustima.

„Znači, zaboravio sam čak i tebe? Jelda, molim te, reci mi", promrmljao je gledajući u pod.

To pitanje je Kotake skroz preplavilo emocijama i zaboravila je čak i na kafu.

Videla je koliko je uzdrhtao i primetila je njegovo ožalošćeno lice u tom trenutku. Nikad nije ni pomislila da može tako da izgleda. Ostavši bez reči, nije mogla da ga pogleda u oči, pa je i sama skrenula pogled na pod.

To što mu nije davala odgovor značilo je potvrdu.

„Razumem, toga sam se najviše plašio", promrmljao je tužno.

Toliko je pognuo glavu da je izgledalo da mu se vrat prepolovio na dva dela.

Kotakeine oči su se ispunile suzama. Nakon što mu je ustanovljena bolest, Fusagi se svakog dana borio sa strahom od gubitka pamćenja. A ipak, ona, njegova žena, nije mogla da shvati koliko mu je zapravo teško da se nosi sa tim turobnim mislima sasvim sam. Saznavši da se vratila iz budućnosti, prvo što ju je pitao bilo je da li ju je zaboravio i to ju je ispunjavalo radošću i tugom istovremeno.

Ali smogla je snage da ga pogleda u oči a da ne obriše suze. Široko mu se osmehnula kako bi mu dala do znanja da plače od radosti.

„Zapravo, u sadašnjosti se stanje popravilo, znaš?"

(„Kao bolničarka, sada je trenutak da budem jaka.“)

„Čak si mi *ti* iz budućnosti rekao…“

(„Mogu da kažem bilo šta, ionako se ništa neće promeniti u sadašnjosti.“)

„… da si bio veoma zabrinut…“

(„Šta je loše da kažem jednu laž? Ako tako mogu da ga smirim, pa bar i nakratko, vredi…“)

Svim srcem je želela da joj poveruje, uradila bi bilo šta. Osećala je knedlu u grlu, a obraze su joj išarali potočići suza. Ali je zadržavala osmeh i nastavljala.

„Biće sve u redu.“

(„Biće sve u redu!“)

„Ozdravićeš.“

(„Ozdravićeš!“)

„Ne brini.“

(„Ozdravićeš… to je tačno!“)

Svu svoju snagu polagala je u te reči. Za nju one nisu bile laž, iako ju je zaboravio, iako nije mogla da uradi ništa da promeni sadašnjost. On ju je pogledao pravo u oči i ona mu je uzvratila, obraza i dalje okupanih suzama.

„Ah, stvarno?“, prošaputao je srećno.

„Da“, odgovorila mu je.

Pogledao ju je toliko nežno, kao nikad u životu, i približio joj se držeći kovertu u ruci. Tako je bio dovoljno blizu da joj je preda.

„Izvoli“, rekao joj je pružajući pismo poput postiđenog dečačića.

Rukom je odmakla pismo od sebe i ponovila mu: „Ali videćeš, bićeš bolje."

„Onda ga ti baci", insistirao je s neverovatnom nežnošću, tako drugačijom od onog njegovog uobičajenog grubog glasa da je imala osećaj da joj je nešto promaklo.

Fusagi joj je ponovo pružio braon kovertu i ona ju je naposletku uzela drhtavom rukom. Kotake nije znala sa sigurnošću kakve su bile namere njenog muža.

„Hajde, pij, inače će se kafa ohladiti", rekao joj je, i sam dobro znajući pravila. Nežnost njegovog pogleda i osmeha delovala je beskonačno.

Kotake je bez reči klimnula i uzela šoljicu.

Kada ju je stegla, on joj je okrenuo leđa.

Njihovo vreme koje su proveli kao par završeno je, i u njenom oku pojavila se velika suza.

„Ljubavi moja!", povikala je Kotake ne razmišljajući. Nije se okrenuo, a ramena su mu se stresla. Ispila je kafu u jednom gutljaju i nastavila da posmatra njegova leđa. Iskapila ju je odmah, ne zbog straha da se ne ohladi već zbog Fusagija koji se okrenuo da je podseti da se brzo vrati u budućnost, ne rizikujući. Zaista ju je mnogo voleo.

„Dušo."

Kotake je spustila šoljicu na tacnu osećajući kako je savladava osećaj vrtoglavice i drhtavice. Dok je povlačila ruku, delovalo joj je kao da se razgrađuje poput dima. Nije bilo druge nego da se vrati u sadašnjost. Taj prolazni trenutak u kome su ponovo bili muž i žena zauvek se završio.

Iznenada, on se okrenuo, možda jer je šoljica zazvečala u dodiru sa tacnom. Kotake nije znala kako je ona izgledala njemu, ali je delovalo da još uvek može da je vidi. Dok joj je svest nestajala i dok se rastakala u dimu, videla je da on pomera usta.

Izgledalo je kao da izgovara *Hvala*.

Njena svest se u potpunosti pretvorila u dim, i počela je da prelazi iz prošlosti u sadašnjost. Sve u lokalu se veoma ubrzano vrtelo i nije uspevala da zadrži suze. U tren oka primetila je da su joj se Kazu i Kej ponovo pojavile u vidnom polju. Vratila se u sadašnjost, u dan kada ju je Fusagi potpuno zaboravio. Kej je bilo dovoljno samo da je pogleda i da se odmah rastuži.

„A pismo?“, ovog puta je rekla *pismo*, ne *ljubavno pismo*.

Kotake je pogledala braon kovertu koju joj je dao Fusagi u prošlosti i polako je izvukla papir.

Rukopis je bio prilično nečitljiv, kao red naškrabanih crva i krivulja: Fusagijev rukopis, nije bilo sumnje. Dok je čitala pismo, Kotake je držala ruku na ustima kako ne bi jecala.

Njen plač je bio toliko iznenadan i snažan da se Kazu zabrinula.

„Kotake… je li sve u redu?“

Kotake je počela da drhti i polako da jeca, sve jače i jače. Kazu i Kej su je netremice posmatrale, ne znajući šta da rade. Ubrzo potom, Kotake je pružila pismo Kazu.

Kazu je uzela pismo i pogledala Kej koja je stajala u šanku, kao da od nje traži dozvolu. Kej joj je sumorno klimnula.

Zatim se Kazu ponovo okrenula ka Kotake, koja je plakala i naglas čitala pismo.

Radiš kao bolničarka, i zato mislim da si već shvatila. Imam bolest zbog koje zaboravljam stvari.

Ako nastavim da gubim pamćenje, siguran sam da ćeš moći da staviš svoja osećanja po strani i da se brineš o meni kao prava bolničarka, i da ćeš to raditi bez obzira na to šta ja rekao ili uradio, koliko god čudno zvučalo, čak i ako bih zaboravio ko si ti.

Zato te molim da nikad ne zaboraviš jednu stvar. Ti si moja žena, i ako život postane pretežak da i dalje budeš moja žena, želim da me napustiš.

Ne treba da budeš moja bolničarka. Ako više ne budem dobar muž, želim da me ostaviš. Želim da se o meni brineš samo kao moja žena. Iako ću izgubiti pamćenje, želim da ostanemo zajedno samo kao žena i muž. Ne mogu da podnesem ni samu pomisao da ostaneš sa mnom iz sažaljenja.

Ne uspevam ovo da ti kažem u lice, pa ti zbog toga to ovako pišem u pismu.

Čim je Kazu završila sa čitanjem, Kotake i Kej su pogledale u plafon i briznule u plač. Kotake je predosetila zašto joj je Fusagi dao pismo: ona je bila njegova žena u budućnosti i tim pismom on je jasno davao do znanja šta će ona uraditi nakon što sazna za njegovu bolest. Videvši je da se vraća iz budućnosti, shvatio je da se, kako je i pretpostavio, Kotake u budućnosti brine o njemu kao bolničarka.

U strahu i zebnji od gubljenja pamćenja, Fusagi se nadao da će ona nastaviti da bude samo njegova žena. Uvek ju je nosio u srcu.

Ali potvrde se nisu tu završavale. Čak i nakon što je izgubio pamćenje, Fusagi je uživao u razgledanju časopisa o putovanjima, praveći zabeleške u svom notesu. Kada je jednom prilikom virnula, Kotake je videla da postoji spisak mesta koja je posetio kao dizajner vrtova, ali je to shvatila jednostavno kao dokaz njegove strasti prema poslu, iako je grdno grešila. Mesta koja je zabeležio bila su sva ona koja je posetio zajedno sa njom. Tada Kotake to nije uočila, nije shvatila. Te beleške bile su poslednje uporište za koje se držao Fusagi, koji je iz dana u dan zaboravljao ko je.

Svakako se nije kajala što ga je pazila u ulozi bolničarke, jer je bila ubeđena da je to najbolje što može da uradi. Ali uostalom, nije joj napisao to pismo da bi je iskritikovao, taman posla. Kada mu je rekla da će se izlečiti, znao je da je to laž, ali laž u koju je želeo da poveruje. „Inače“, pomislila je, „nikad ne bi rekao *hvala*.“

Kada je Kotake prestala da plače, žena u beloj haljini se vratila iz toaleta, stala je pred nju i izgovorila jednu jedinu reč: „Ustani!“

„Naravno“, uzvratila je poskočivši na noge i oslobodivši stolicu.

Ponovno pojavljivanje žene u beloj haljini izgledalo je sinhronizovano u stotinku sekunde sa Kotakeinim raspoloženjem. Očiju naduvenih od plača, Kotake je pogledala Kazu i Kej i uzela pismo koje je Kazu upravo pročitala.

„Dobro, to je to“, rekla je i napravila grimasu.

Kej je na to odgovorila klimnuvši, sa svojim okruglim i svetlucavim očima dodatno naduvenim od plača.

„Užas, šta sam radila do sada?“, promrmljala je Kotake gledajući u pismo.

„Kotake“, zastenjala je Kej šmrcnuvši.

Kotake je pažljivo presavila papir i ubacila ga u braon kovertu. „Sada se vraćam kući“, rekla je odlučno.

Kazu je klimnula, dok je Kej i dalje šmrcala.

Kotake ju je pogledala i pomislila da plače više od nje same. Do sada mora da je već dehidrirala, rekla je za sebe, i duboko udahnula. Sa izrazom lica skoro pa odlučnijim nego ranije, uzela je novčanik i pružila je Kazu trista osamdeset jena u gotovini.

„Hvala“, rekla je.

Kazu joj je smireno uzvratila osmehom.

Kotake je klimnula u znak pozdrava i uputila se ka izlazu. Žurno je hodala, silno želeći da vidi Fusagijevo lice.

Prešla je preko praga i izgubile su je iz vida, ali je samo tren kasnije ponovo bila u kafiću.

„Ah!“, uzviknula je dok su je Kazu i Kej gledale znatiželjno.

„Još jedna stvar“, rekla je. „Od sutra pa nadalje ne zovite me više devojačkim prezimenom, dogovoreno?“, zamolila ih je uz veliki osmeh.

Zapravo je Kotake bila ta koja ih je zamolila da je uopšte i zovu devojačkim prezimenom. Kada je Fusagi počeo da je zove Kotake, ona je želela da se izbegnu bilo kakvi nesporazumi, ali sada to više nije imalo smisla.

„Jasno!“, odgovorila joj je Kej srećno, širom otvorenih očiju i s osmehom na licu.

„Recite to i ostalima“, zamolila je Kotake i, ne sačekavši odgovor, pozdravila se i otišla.

Ding-dong

„U redu“, rekla je Kazu, gotovo za sebe, dok je stavljala novac koji joj je Kotake dala.

Kej je uzela šoljicu iz koje je Kotake pila i otišla u kuhinju da donese još kafe za ženu u beloj haljini. Zveckanje tipki je odzvonilo i odbilo se o hladne zidove kafića, dok je ventilator na plafonu nastavljao tiho da se vrti. Kej se vratila iz kuhinje i nasula novu kafu ženi u beloj haljini. „Drago nam je što ste sa nama ovde i ovog leta“, šapnula joj je.

Žena u beloj haljini je nastavljala da čita svoju knjigu ne uputivši joj nikakav odgovor. Kej je prešla rukom preko kecelje i nasmešila se.

Leto je tek počelo.

3.

DVE SESTRE

Devojka je mirno sedela na *onoj* stolici.

Imala je velike i lepe oči, i izgledala je kao da ide u srednju školu. Nosila je bež rolku i kariranu suknjicu, crne čarape i braon čizme, i montgomeri kaputić. Bila je obučena kao odrasla, ali u njenom pogledu bilo je nečega detinjastog. Bila je ošišana na paž, u visini brade. Nije bila našminkana, ali su joj duge trepavice isticale lepe crte lica.

Iako je dolazila iz budućnosti, u njenom izgledu nije bilo ničega što bi je sprečilo da se predstavi kao jedna od devojaka iz sadašnjosti, osim pravila koje je nalagalo da posetioci iz budućnosti ne smeju da se mrdaju sa *one* stolice. Jedini pokazatelj koji bi mogao da je otkrije bio je taj što je njena garderoba prilično neadekvatna za prve dane avgusta.

Razlog zbog kog je ova devojka odlučila da se vrati u prošlost još uvek je bio misterija. U tom trenutku, u kafiću bio je samo Nagare Tokita, ljudeskara sitnih očiju, obučen u uniformu kuvara, koji je stajao u šanku.

Ipak, nije izgledalo kao da je devojka došla da bi upoznala vlasnika kafića. Koliko god da ga je gledala, nije pokazivala nikakvu emociju prema njemu. Štaviše, delovala je potpuno nezainteresovano za njegovo postojanje. Ali u kafiću su bili samo njih dvoje, i Nagare ju je posmatrao prekrštenih ruku.

Nagare je bio zaista ogroman čovek. Bilo koja devojka, ili žena, mogla je da se oseti pomalo neprijatno dok sedi sama u tom malom kafiću zajedno sa njim. Ali savršeno nepomućeni pogled koji se oslikavao na licu ove mlade devojke otkrivao je da je to poslednji problem koji ima.

Devojka i Nagare nisu razmenili ni jednu jedinu reč, a ona bi samo pokatkad pogledala na satove koji su bili na zidu, kao da brine zbog vremena.

Iznenada, Nagare se trže i širom otvori desno oko. Oglasilo se zvono tostera u kuhinji. Bio je spreman. Otišao je u kuhinju i počeo nešto da sprema. Devojka se nije obazirala na to i otpila je gutljaj kafe. Klimnula je kao da potvrđuje: kafa mora da je još uvek bila topla i na njenom licu se videlo da ima još vremena. Nagare je izašao iz kuhinje. Nosio je pravougaoni poslužavnik na kom su stajali tost, maslac, salata i voćni jogurt. Maslac je bio domaći:

njegov specijalitet. Bio je toliko dobar da je žena sa viklerima, Hiraj, često odnosila malo u svojoj plastičnoj posudi.

Za Nagarea je bilo veliko zadovoljstvo da vidi kako gosti s uživanjem jedu njegov preukusni maslac. Stvar je bila u tome što je koristio samo najskuplje sastojke, iako nikad nije mogao to da nadoknadi od prodaje maslaca. Dodatke jelu nikad nije naplaćivao, za to nije hteo ni da čuje. A tako visok standard počeo je da predstavlja problem.

Pojavio se pred devojkom sa poslužavnikom u ruci. Njegovo ogromno telo mora da je izgledalo poput džinovskog zida sitnoj devojci koja je sedela za tim stolom.

Pogledao ju je odozgo. „Zbog koga si došla?“, direktno ju je pitao bez mnogo uvijanja.

Devojka je podigla pogled i gledala u džinovski nepomični zid koji je stajao pred njom, ni najmanje ne promenivši izraz lica. Obično je njegova veličina izazivala iznenađenje i strepnju kod onih koji ga nisu poznavali, ali ovog puta mu se učinilo neobičnim što se nije desila uobičajena reakcija.

„Dakle?“, ponovo je pitao.

Ali devojka nije ispunila njegova očekivanja.

„Nikoga posebno“, samo je rekla, otpivši još jedan gutljaj kafe. Bilo je očigledno da joj se ne priča sa njim.

Iskrivivši glavu u stranu, Nagare je pažljivo spustio poslužavnik na sto i vratio se na svoje mesto iza šanka. Najednom, devojka kao da se osetila nelagodno.

„Ovaj, izvinite“, pozvala ga je.

„Da?“

„Nisam ništa poručila“, postiđeno je rekla, pokazujući na tost i sve ostalo što je stajalo pred njom.

„Kuća časti“, ponosno je odgovorio Nagare.

Devojka je u neverici gledala svu tu gratis hranu, dok se on obema rukama oslanjao na šank.

„Namučila si se da dođeš iz budućnosti i ne mogu da dozvolim da se devojka kao ti vrati nazad a da joj ništa ne ponudim“, rekao joj je očekujući bar *hvala*. Devojka ga je samo gledala, čak se ni ne nasmešivši. Osetio je da mora da je pita, pomalo iznervirano: „Ima li nekih problema?“

„Ne, hvala, sad ću da jedem.“

„Odlično...“

„Ovaj, zašto ne bih?“

Devojka je namazala maslac na tost i uzela dobar zalogaj, s uživanjem žvaćući. Bilo je pravo zadovoljstvo videti je kako jede.

Nagare je čekao njenu reakciju. Sigurno će biti oduševljena njegovim maslacem koji je mogao da ide na takmičenje. Međutim, uopšte nije odreagovala kako je očekivao, štaviše, nastavila je da žvaće ne menjajući izraz lica. Kada je pojela tost sa maslacem, počela je da gricka salatu, a potom prešla na jogurt.

Na kraju je spojila šake kako bi mu zahvalila, i to je bilo to. Nagare je bio strašno razočaran.

Ding-dong

Čim je ušla, Kazu mu je pružila svežanj s ključevima.

„Vratila sam se...“, rekla je ostavivši rečenicu nedovršenu u trenutku kada je primetila devojku na *onoj* stolici.

„Ćao“, odgovorio joj je Nagare stavljajući ključeve u džep. Nije joj rekao: „Ćao, dobro se vratila“, kao što bi joj inače govorio.

Kazu ga je uhvatila za ručni zglob i šapnula mu: „Ko je ovo?“

„I ja to pokušavam da shvatim“, odgovorio joj je.

Obično Kazu nije obraćala mnogo pažnje na onoga ko bi sedeo na tom mestu. Kada bi nekoga videla tu, odmah bi znala da je došao iz budućnosti i nije se mešala.

Ali bio je to prvi put da je tamo došla mlada i slatka devojka, i Kazu nije uspevala da skloni pogled s nje.

To posmatranje nije prošlo neopaženo.

„Ćao!“, rekla je devojka sa lepim osmehom, a Nagare se uvredio što se i njemu nije obratila.

„Došla si da se nađeš sa nekim?“, pitala ju je Kazu.

„Da, nadam se da da“, priznala je devojka.

Čuvši je da govori, Nagare se razdražio. I on joj je nešto malo ranije postavio isto to pitanje, a ona se trudila da mu ne odgovori. To nije bilo uopšte zabavno.

„Ali taj neko još uvek nije došao, jelda?“, pitao ju je oštrim tonom, odmah potom skrenuvši pogled u stranu.

„Sve u svemu, sa kim treba da se nađeš?“, pitala ju je Kazu lupkajući se po bradi kažiprstom.

„Dakle? Sigurno ne sa njim, zar ne?“, pitala je pokazujući na Nagarea istim tim kažiprstom.

„Sa mnom?“, iznenadio se Nagare upirući i sam prst u sebe. „Hm, ček da vidimo...“, promrmljao je prekrstivši ruke kao da pokušava da se seti trenutka kad se devojka pojavila.

Devojka je na *toj* stolici sedela od pre nekoliko minuta. Kej je morala da ide u savetovalište, a Kazu ju je otpratila kolima. Obično ju je na kontrole pratio Nagare, ali savetovalište je za njega bilo poput neke vrste svetilišta samo za žene, gde nijedan muškarac nije trebalo da se zadesi. Zbog toga je i ostao u kafiću.

(„Da li je izabrala trenutak kad sam ostao sam na poslu?“)

Na samu tu pomisao srce mu je snažnije zalupalo.

(„Možda je bila onako mrzovoljna sve do sada samo zato što se stidela...“)

Gladeći bradu, klimnuo je kao da sve na kraju ima smisla. Izašao je iz šanka i otišao da sedne na stolicu naspram devojke.

Devojka ga je ravnodušno gledala.

On više nije izgledao poput čoveka kakav je bio trenutak ranije.

„Ako je tako hladna prema meni jer je stidljiva, onda ću pokušati da budem što pristupačniji“, pomislio je u isto vreme široko se osmehnuvši.

Laktovima se oslonio o sto i neformalnim tonom je pitao: „Dakle, jesam li ja taj koga si želela da vidiš?“

„Taman posla."

„Nisi došla mene da vidiš?"

„Ne."

„Jesi li sigurna?"

„Veoma sigurna!"

„..."

Devojka je bila odlučna. Kazu je čula razgovor i došla je do jednog jedinog mogućeg zaključka: „Vidi, mislim da tu opciju možeš da odbaciš."

Nagare je bio razočaran. „Okej... onda nisam ja", odgovorio je razdraženo i vratio se u šank.

Devojci je sve to izgledalo vrlo smešno, te joj se omakao osmejak.

Ding-dong

Kada se oglasilo zvono na vratima, devojka je pogledala sat u sredini na zidu, jedini pouzdani. Druga dva su ili išla previše unapred ili unazad, i videlo se da ona to zna. Devojka je ostala da posmatra ulaz.

Trenutak kasnije pojavila se Kej.

„Hvala, Kazu, draga", rekla je ulazeći. Nosila je svetlozelenu haljinu u kombinaciji sa rimljankama i hladila se slamnatim šeširom. Izašla je sa Kazu, ali sudeći po kesi koju je držala u ruci, mora da je svratila do diskonta tu u blizini pre nego što se vratila u kafić. Kej je po prirodi bila bezbrižna osoba. Uvek je bila ljubazna i nikad stidljiva, uvek je bila prijatna, čak i u kontaktu sa najmrzovoljnijim gostima, znala je kako da bude prijateljski nastrojena i ekstrovertna i sa strancem koji nije znao ni reč na japanskom.

Kada je Kej primetila devojku koja je sedela na *onoj* stolici, pozdravila ju je uz veliki osmeh: „Dobar dan, dobro došla." Njen osmeh je sad bio možda i više razdragan nego obično, a čak je bila i glasnija.

Devojka se ispravila u stolici i jedva blago klimnula glavom, nastavljajući da gleda u Kej.

Kej joj je na to odgovorila još jednim osmehom i otišla u šank.

„I, šta imaš da mi kažeš?", odmah ju je pitao Nagare.

S obzirom na to gde su bile ona i Kazu, to se pitanje nije moglo odnositi na mnogo stvari. Kej je dotakla svoj još uvek ravan stomak i podigla prste pokazujući slovo V, nakon čega se nasmešila.

„Znači da je sve u redu", rekao je.

Začkiljio je i klimnuo dva puta. Kada je bio srećan, Nagare nikad nije umeo otvoreno da iskaže svoju radost. Znajući za to, Kej je zadovoljno posmatrala njegovu reakciju.

Devojka koja je sedela na *onoj* stolici ispratila je čitav prizor veoma pomno i uzbuđeno. Izgledalo je kao da Kej ne primećuje taj pogled na sebi, pa je samo produžila u kuhinju.

U tom trenutku, skoro kao da je to bio neki znak, mlada devojka ju je pozvala, neočekivano glasno. „Izvinite?"

Kej je u trenutku zastala i rasejano odgovorila: „Da?“, okrenuvši se ka devojci, gledajući je svojim okruglim i svetlucavim očima.

Devojka je potom skrenula pogled u stranu i počela da se vrpolji na stolici.

„Kako mogu da pomognem?“

Devojka je podigla pogled kao da joj stvarno nešto treba. Njen osmeh bio je nežan i iskren. Hladnoća koju je pokazala pred Nagareom u trenutku je nestala.

„Ovaj, stvar je u tome što...“

„Da, reci?“

„Volela bih da se slikam sa vama.“

Kej je zatreptala, iznenađena devojčinim rečima.

„Sa mnom?“, upitala ju je.

„Da.“

„Sa njom?“, iznenađeno je upitao Nagare pokazujući na Kej.

„Da“, ponovila je devojka, radosnim glasom.

„To znači da si došla nju da vidiš?“, upitala je Kazu.

„Da.“

Pred takvom iznenadnom potvrdom, Kej su u trenutku zablistale oči. Ona nikad nije bila sumnjičava prema neznancima, i zato je, umesto da se zapita ko je ta devojka ili zašto uopšte želi da se slika sa njom, samo odgovorila: „Oh, stvarno? Mogu li pre toga samo da popravim šminku?“

Potom je izvadila iz torbice mali neseser i počela da se sređuje.

„Ovaj, nemamo mnogo vremena“, devojka joj je skrenula pažnju.

„Ah, da... naravno!"

Normalno, i Kej je odlično poznavala pravila, te je pocrvenela, brzo zatvorivši neseser.

Zbog pravila koje ju je ograničavalo da ustane sa *one* stolice, devojka nije mogla da joj priđe, kao što bi to inače uradila u normalnim okolnostima, zamolivši nekoga da ih slika zajedno. Tako je Kej pružila torbicu i slamnati šešir Kazu, i zauzela pozu pored devojke.

„Gde ti je foto-aparat?", pitala ju je Kazu.

Devojka je okrenula prema Kazu jedan predmet na stolu.

„Šta? To je foto-aparat?", iznenađeno ju je pitala Kej, dok je Kazu posmatrala napravu. Bio je veličine vizitkarte, veoma tanak i skoro proziran, ličio je na plastičnu karticu.

Kej ga je zadivljeno posmatrala i prišla bliže da ga bolje odmeri. „Kako je samo tanak!", rekla je.

„Ovaj, moramo da požurimo! Vreme je skoro isteklo", primetila je devojka, ali bez panike.

„U pravu si, izvini", odgovorila joj je Kej slegnuvši ramenima i vrativši se da zauzme pozu blizu nje.

„Okej, slikam!", uzviknula je Kazu uperivši foto-aparat u njihovom pravcu. Nije delovao komplikovano za korišćenje, bilo je dovoljno da se samo pritisne dugme na ekranu.

Klik.

„Hej, da sačekaš malo kad slikaš?", zamolila je Kej.

Kazu je vratila aparat devojci, ali je napravila fotografiju u trenutku kada je Kej nameštala kosu.

„Već si slikala? Ali kada? Nisam ni primetila."

I devojka i Kazu bile su veoma efikasne, dok je jedino Kej bila zbunjena i puna pitanja.

„Hvala vam mnogo", izgovorila je devojka pre nego što je iskapila i poslednji gutljaj kafe.

„Šta...? Čekaj sekund!", uzviknula je Kej, ali se devojka već pretvorila u dim. Dok se jezičak dima dizao ka plafonu, dole se najedanput pojavila žena u beloj haljini. Cela ta transformacija izgledala je iskoordinisano, kao da je reč o akciji nekog nindže.

Niko od njih troje nije bio iznenađen: na kraju krajeva, to se često dešavalo. Da je to video neki stranac, on bi ostao u šoku, štaviše, oni bi mu rekli da je u pitanju mađioničarski trik jer niko od osoblja lokala ne bi znao da mu objasni.

Žena u beloj haljini je nastavila da čita knjigu kao da se ništa nije desilo, ali čim je ugledala poslužavnik, ljutito ga je pomerila desnom rukom, kao da hoće da kaže: „Nosite ovo odavde!"

Kada je Kej otišla da pospremi, Nagare joj je uzeo poslužavnik, znatiželjno iskrivio glavu u stranu i potom nestao u kuhinji.

„Pitam se ko je ona", promrmljala je Kej, ponovo uzevši od Kazu svoju torbicu i slamnati šešir, a onda se pridružila Nagareu u kuhinji.

Kazu je ostala da posmatra *onu* stolicu, na kojoj je sada sedela žena u beloj haljini. Na licu joj se videlo da je zabrinuta.

Bio je ovo prvi put da se gost vratio iz budućnosti da bi video nekoga od njih: Nagare, Kej i Kazu. Nije bilo baš previše logično da neko putuje kroz vreme kako bi upoznao nekoga od osoblja kafića, s obzirom na to da oni su oni uvek bili tu.

Ali ovog puta jedna devojka je došla iz budućnosti da bi videla Kej.

Kazu nikad nije pitala za razloge, zbog čega se neko odlučivao na putovanje kroz vreme. Čak i da se, na primer, neki ubica vratio u prošlost, ona bi ga ostavila na miru: pravilo je bilo da se sadašnjost svakako ne menja, šta god da neko pokuša da uradi kako bi sredio stvari u prošlosti. To pravilo nikada nije moglo da se poništi. Niz slučajnih događaja sprečio bi bilo kakvu promenu u sadašnjosti. Da je, na primer, ubica došao iz budućnosti i da je pucao u nekog gosta, koji je u budućnosti i dalje živ, gost ne bi umro, čak i da ga je upucao u srce.

To je bilo pravilo.

Kazu – ili neko umesto nje – pozvala bi hitnu pomoć i policiju. Hitna pomoć bi odmah stigla u kafić, izbegavši gužvu, i odvezla bi pacijenta u bolnicu najbržim putem u najkraćem roku.

Ustanovivši stanje pacijenta, doktori bi možda rekli „Ovo je beznadežni slučaj", ali ipak neki svetski poznati hirurg bi se baš tu slučajno zadesio i hitno bi operisao pacijenta. Čak i da krvna grupa pacijenta bude vrlo retka, na primer da jedna od deset hiljada osoba ima tu grupu, bolnica bi slučajno imala dovoljnu količinu zaliha baš te grupe. Medicinski tim bi bio izuzetan i operacija bi bila veoma uspešna. Hirurg bi potom rekao da, da je hitna pomoć stigla minut kasnije, ili da je metak otišao milimetar više ulevo, pacijent ne bi preživeo. Celo osoblje bi reklo da je to bilo pravo čudo. Ali, zapravo, ne bi se radilo o čudu. U potpunosti zahvaljujući pravilu, ranjeni čovek u prošlosti morao je da preživi po svaku cenu.

Eto zbog čega se Kazu nikad nije bavila onima koji su se vraćali iz budućnosti, iz ma kog razloga da je to bilo. Šta god da je posetilac iz budućnosti odlučio da pokuša, to bi bilo potpuno beskorisno.

„Da li bi mogla ti da odneseš, molim te?“, pitao ju je Nagare sa kuhinjskog praga.

Kazu se okrenula i videla ga kako stoji na pragu sa poslužavnikom na kome je bila kafa za ženu u beloj haljini. Kazu ga je uzela i uputila se ka stočiću za kojim je sedela žena.

Na trenutak je zastala da je posmatra, sa gomilom misli u glavi. „Zašto je došla ona devojka? Ako je htela samo da se slika sa Kej, zašto se mučila da putuje kroz vreme?“

Ding-dong

„Dobar dan, dobro došla!“, uzviknuo je Nagare. Kazu se pribrala i poslužila kafu.

(„Imam neobičan osećaj da mi promiče nešto bitno.“)

Kako bi oterala taj osećaj, Kazu je zavrtela glavom.

„Ćao." Kotake je nakratko svratila do kafića, na putu od posla do kuće. Nosila je drečavozelenu polo majicu i belu suknju, dok je na nogama imala crne salonke. Na ramenu je nosila teksas torbu.

„Ćao, Kotake", rekao joj je Nagare.

Čuvši to prezime, okrenula se na štiklama kao da će ponovo izaći.

„O, izvini, gospođo Fusagi", u trenutku se ispravio. Kotake se zadovoljno nasmešila i smestila za šankom.

Prošla su tri dana od kada se Kotake vratila u prošlost i od kada je primila pismo koje joj je Fusagi napisao, ali joj ga nikad nije dao. I sada je veoma držala do toga da je oslovljavaju sa „gospođa Fusagi". Okačila je torbu o naslon barske stolice. „Jednu kafu, molim", naručila je.

„Ma naravno", odgovorio joj je Nagare, klimnuvši joj i vrativši se u kuhinju da pripremi kafu.

Kotake je bacila pogled po praznom lokalu, slegla ramenima i duboko udahnula. Mislila je da zajedno sa Fusagijem ode kući ako ga zatekne za njegovim stolom, pa je zbog toga bila pomalo razočarana. Kazu, koja je sa osmehom ispratila razgovor između Nagarea i Kotake, završila je sa služenjem kafe ženi u beloj haljini.

„Idem na pauzu", rekla je nestavši u prostoriji iza. Kotake joj je odgovorila sa *okej* i pozdravila je mahnuvši.

Iako je bio početak avgusta i uprkos velikoj vrućini, Kotake nije odustajala od svoje vrele kafe. Nije mogla da se poredi sa hladnom kafom, bila je to potpuno drugačija aroma.

Kada bi Nagare pripremao kafu, obično bi koristio sistem sifona, poznat i pod nazivom vakuumski aparat za kafu: sipao bi toplu vodu u donju bočicu, onda bi čekao da proključa, kako bi potom prešla putem sifona u gornju bočicu gde je sipao mlevenu kafu, koja je posle ponovo filtrirana u donjoj bočici. Međutim, za Kotake i ostale redovne goste, pripremao je kafe amerikano. U tom slučaju stavljao bi filter od papira u driper, dodavao mlevenu kafu i sipao toplu vodu. Po njegovom mišljenju, ovaj ručni metod dozvoljavao je veću fleksibilnost jer je ukus kafe mogao da se modifikuje usklađivanjem temperature vode ili načinom na koji ju je sipao. S obzirom na to da u lokalu nikad nije bilo pozadinske muzike, mogao se čuti tihi zvuk kafe koja je izlazila kap po kap. Čim bi čula taj zvuk, Kotake bi se nasmešila od zadovoljstva.

Kej je, ipak, obično koristila automatski aparat sa samo jednim dugmetom kojim se mogao izabrati neki od ponuđenih ukusa. Kako nije bila majstor pripremanja kafe, više je volela da se osloni na tehnologiju. Zbog toga su pojedini gosti, koji su želeli da uživaju u šoljici dobre kafe, birali da dođu kad bi radio Nagare, a u suprotnom je ne bi ni naručivali. Sve u svemu, cena je uvek bila ista. Obično je i Kazu koristila sistem sifona, ali ne zbog ukusa kafe. Jednostavno joj se sviđalo da posmatra kako se ključala voda penje kroz sifon, dok joj je američki način bio previše dosadan.

Kotake je dobila kafu koju je Nagare pripremio specijalno za nju. S kafom pred sobom, zažmurila je i duboko udahnula aromu. Bio je to njen trenutak za uživanje. Nagare je insistirao na upotrebi zrna određene arome, koju su gosti ili obožavali ili mrzeli. Ko je voleo tu aromu, kao Kotake, ne bi mu nikad bilo dosta. Čak bi se moglo reći da je zapravo kafa birala svoje konzumente. Kao sa maslacem, Nagare je voleo da posmatra goste kako uživaju u aromi. I dok bi ih gledao, zadovoljno bi žmirkao.

„Ah, da", rekla je Kotake dok je probala svoju kafu, kao da se odjednom setila, „primetila sam da je Hirajin bar i juče i danas zatvoren. Jel' znate nešto?"

Snek-bar koji je vodila Hiraj bio je neka vrsta malog hostes-kluba, na nekoliko metara od kafića.

Bio je to zaista mali kafić sa šankom i šest mesta za sedenje, ali je uvek bio prepun. Hiraj je podizala gvozdene roletne svako veče u različito vreme, u zavisnosti od raspoloženja, ali je kafić bio otvoren sedam od sedam večeri, svakog dana u godini. Od otvaranja pa nadalje, nijednom nije bio zatvoren. Gosti su često čekali ispred i mnogih večeri bi se unutra šćućurilo njih desetoro. Samo prvih šest je moglo da sedne, dok su ostali morali da piju stojeći.

Osim toga, klijentela nisu bili samo muškarci. Hiraj je bila veoma popularna i među ženama. Njen otvoreni način komunikacije ponekad bi bio na ivici da uvredi gosta, ali svi su znali da u njenim rečima nije bilo ni mrvice zle namere. Narod se prijatno osećao s njom, jer je imala taj dar da sve govori sa razoružavajućom iskrenošću. Oblačila se upadljivo i nije je nikad zanimalo šta drugi misle o njoj, ali je duboko verovala u bonton i lepo ponašanje. Kada bi joj neko pričao, ona bi ga uvek pažljivo slušala i nikad je ne bi zanimalo kom društvenom sloju pripada: ako neko po njenom mišljenju ne bi bio u pravu, ne bi prezala da ga ispravi. Neki od gostiju bili su veoma darežljivi, ali ona nikad nije primala novac, osim za piće. Drugi su pokušavali da dobiju njenu naklonost poklanjajući joj skupe poklone, ali ona ih nikad nije prihvatala, ni jedan jedini put. Bilo je čak i onih muškaraca koji su joj rado nudili kuću ili stan, mercedes ili ferari, ili dijamante i luksuzne poklone, ali ona je uvek odgovarala: „Nisam zainteresovana." Čak bi i Kotake ponekad otišla kod nje u bar jer je bila sigurna da će popiti dobro piće uz prijatan razgovor.

Kotake je primetila da je Hirajin lokal, inače uvek prepun, zatvoren dve večeri zaredom i niko nije znao zbog čega. Počinjala je pomalo da se brine.

Čim je pitala Nagarea, on se rastužio.

„Šta se desilo?", pitala je šokirano.

„To je zbog njene sestre. Imala je automobilsku nesreću", tiho joj je odgovorio.

„O, ne!"

„I zbog toga se vratila kući."

„Ali to je strašno!", uzviknula je Kotake, pogledavši u ugalj-crnu kafu. Poznavala je Kumi jer je često dolazila kod svoje sestre, pokušavajući da je ubedi da se vrati kod roditelja. Poslednjih godina su te njene posete postale strašno naporne Hiraj, zbog čega je svaki put izmišljala neki razlog da je ne sretne. S druge strane, Kumi nije odustajala i dolazila je u Tokio najmanje jednom mesečno. Tri dana ranije, Kumi je došla u kafić nadajući se da će naći sestru. Nesreća se dogodila kada se vraćala, na putu kući.

Vozač kamiona mora da je zadremao i krenuo je pravo na mali auto koji je vozila Kumi. Devojku su odveli u bolnicu kolima hitne pomoći, ali nije preživela u putu.

„Kakva užasna vest“, uzdahnula je Kotake, ostavivši kafu po strani. Jezičak dima koji se podizao iz šoljice se rastresao. Nagare je ostao samo da stoji prekrštenih ruku, ćutke gledajući svoja stopala.

Hiraj mu je poslala imejl. Javila bi se i Kej, ali Kej nije imala telefon. Hiraj je u imejlu do detalja prepričala nesreću i javila da će njen kafić neko vreme biti zatvoren. Imejl je napisan ravnodušnim tonom, kao da se to desilo nekome drugom. Kej je uzela Nagareov telefon da je pita kako je, ali nije bilo odgovora. Porodični hotel se nalazio u okolini Sendaja i zvao se *Takakura*, što znači „Blago“.

Sendaj je dobro poznata turistička destinacija gde se organizuje prelepi festival Tanabata, poznat po sasakazarijima, tornjevima od bambusa visokim deset metara, na kome je okačeno pet ogromnih lopti od papira sa šarenim trakama. Turisti idu u lov na ostale ukrase festivala – šarene listiće, kimono od papira i origami u obliku ždrala – kako bi ih koristili kao talismane za posao i kao amajlije koje donose sreću. Festival se održava od šestog do osmog avgusta, a nekoliko dana ranije počinju pripreme. S obzirom na to da festival u grad privlači oko dva miliona turista, to je period najžešćih aktivnosti za *Takakuru*, na desetak minuta taksijem od stanice Sendaj.

Ding-dong

„Dobar dan, dobro došli!“, povikao je Nagare glasom punim života, podižući turobnu atmosferu u koju je potonuo kafić.

Čuvši zvono, Kotake je iskoristila priliku da se udobno namesti i ponovo uzme šoljicu.

„Dobar dan, dobro došli“, ponovila je Kej izlazeći iz kuhinje sa keceljom na sebi. Ali još uvek se nije videlo ko je ušao u kafić.

Novoj pridošlici je trebalo više vremena nego obično da ušeta u kafić, ali čim je radoznali Nagare malo izvirio glavu, čuo je poznati glas.

„Nagare! Kej! Koga ima tamo? Treba mi soli! Donesite mi soli!“

„Hiraj, jesi li to ti?“

Niko nije očekivao da će se vratiti tako brzo, iako je prošla sahrana njene sestre. Kej je pogledala Nagarea, očiju razrogačenih od iznenađenja. Nagare se nije pomerao, vidno zbunjen. Tek što je Kotake ispričao užasnu vest o Kimi, i verovatno ga je skroz pomelo to što je čuo uobičajeno živahan Hirajin glas.

Možda je Hiraj trebalo soli da bi izvela duhovno čišćenje, ali je više zvučalo kao povik nekoga ko je u kuhinji i ko se muči da napravi večeru.

„Idete li?“ Ovog puta se u njenom glasu osećala tiha i senzualna nota.

„Okej, samo sekund!“

Napokon, Nagare se pokrenuo. Zgrabio je jedan mali slanik iz kuhinje i potrčao ka ulaznim vratima. Kotake je zamislila kako na pragu kafića stoji Hiraj u svojoj uobičajeno kitnjastoj garderobi. Ne, Hirajino ponašanje uopšte nije bilo normalno. „Samo što joj je preminula sestra, je l' ona toga svesna?“, pomislila je Kotake. Razmenila je poglede sa Kej, i izgledalo je kao da i ona misli isto.

„Premorena sam“, uzdahnula je Hiraj vukući noge.

Pokreti su joj bili isti kao i uvek, ali je garderoba bila malo drugačija. Umesto da nosi uobičajenu, upadljivu odeću, skroz crvenu ili roze, bila je u žalosti. Umesto glave pune viklera, kosa joj je bila pokupljena u zategnutu punđu. Izgledala je kao neko drugi, u to nije bilo sumnje. Obučena sva u crno, stropoštala se na stolicu na sredini lokala i podigla desnu ruku.

„Izvinite na smetnji… mogu li da dobijem čašu vode, molim te?“, pitala je Kej.

„Naravno!“ Sa gotovo preteranom žurbom, Kej je otrčala u kuhinju da donese vode.

„Fijuuuu!“, uzviknula je Hiraj.

Ispružila je i ruke i noge poput morske zvezde, a crna torba joj je skliznula sa desne ruke. Nagare, još uvek sa slanikom u ruci, i Kotake koja je sedela za šankom, posmatrali su je kao da je potpuno sišla s uma. Kej se vratila sa vodom.

„Hvala.“ Hiraj je spustila torbu na sto, uzela čašu i naiskap popila vodu, nakon čega je duboko udahnula. Kej ju je gledala u šoku.

„Još jedna, molim te", rekla je pružajući Kej čašu. Kej je uzela čašu i ponovo nestala u kuhinji. Obrisavši znoj laktom, Hiraj je još jednom duboko udahnula. Nagare je i dalje stajao i netremice je posmatrao.

„Hiraj?", rekao joj je.

„Šta?"

„Kako da...?"

„Da šta?"

„Kako da kažem? Da..."

„Da... šta?"

„Da mi je žao zbog tvog gubitka..."

Zbog čudnog Hirajinog ponašanja, toliko atipičnog za osobu u žalosti, Nagare je zaboravio pravilan izraz koji se koristi u takvim situacijama. Čak je i Kotake ostala bez reči i gledala u pod.

„Misliš na Kumi?"

„Da, na nju."

„Ovaj, zapravo, nismo to očekivali. Zaista prava nesreća, rekla bih", promrmljala je Hiraj slegnuvši ramenima.

Kej se vratila sa još jednom čašom vode. Zabrinuta Hirajinim ponašanjem, pružila joj je čašu pognute glave, otkrivajući nelagodu.

„Izvini, hvala ti mnogo." Hiraj je i drugu čašu vode popila naiskap. „Kažu da je udarac bio fatalan... Baš nije imala sreće", ponovila je.

Činilo se kao da stvarno priča o nekom strancu. Nagnuvši se napred, Kotake je naborala čelo.

„Je l' bila danas?"

„Šta, danas?“

„Sahrana, šta drugo?“, odvratila je Kotake, odajući negodovanje zbog načina na koji je reagovala Hiraj.

„Tačno, pogledaj!“, uzviknula je Hiraj ustavši i uradivši okret kako bi prikazala svoj izgled. „Stoji mi, zar ne? Po vašem mišljenju, jelda da delujem pomalo depresivno?“ Hiraj je zauzela pozu poput modela, nadmeno i namršteno.

Njena sestra je mrtva. Osim ako svi ostali nisu loše razumeli, njeno nepoštovanje je izgledalo pomalo preterano.

Sve više iznervirana Hirajinom ravnodušnošću, Kotake se brecnula. „Zašto si se, kog đavola, vratila ovako rano...?“, pitala ju je, ugrizavši se za jezik da ne kaže: „Pomalo je nepoštovanje prema tvojoj mrtvoj sestri, zar ne misliš?“

Hiraj je prestala da se glupira i vratila se bezvoljno na stolicu.

„Oh, nije kao što izgleda. Imam kafić o kome moram da se brinem...“, odgovorila je podigavši ruke, dobro znajući na šta Kotake cilja.

„U svakom slučaju...“

„Molim te, pusti to.“

Uzela je crnu torbu i izvadila cigaretu.

„Znači, sve je u redu?“, pitao ju je Nagare, poigravajući se slanikom.

„Šta sve?“, Hiraj nije želela da se otvori. S cigaretom u ustima, počela je da pretura po crnoj torbi. Tražila je upaljač, i to očigledno bezuspešno.

Nagare je izvadio svoj upaljač iz džepa i pružio joj ga.

„Ali tvoji mora da su očajni zbog smrti tvoje sestre, zar ne? Zar ne bi trebalo da ostaneš još malo uz njih?"

Hiraj je uzela upaljač i zapalila cigaretu. „Pa, da… U normalnim okolnostima bi trebalo."

Zažarivši cigaretu, Hiraj je povukla dim i tako napravila stubić pepela koji je otresla u pepeljaru. Dim se podigao pa nestao dok ga je Hiraj pratila pogledom.

„Ali nisam znala gde da budem", nastavila je istim tonom.

U prvi mah Nagare i Kotake nisu shvatali značenje njenih reči i zbunjeno su je posmatrali.

Hiraj je to primetila. „Nisam imala mesto gde bih ostala", objasnila je povukavši još jedan dim.

„Kako to misliš?", upitala ju je Kej zabrinuto.

Hiraj joj je odgovorila u potpuno neobaveznom maniru. „Nesreća se desila kada se vraćala kući nakon što je pokušala da me nađe, zar ne? Zato moji roditelji smatraju da je sve to moja krivica."

„Kako mogu tako nešto da pomisle?", pitala je Kej ostavši otvorenih usta od zaprepašćenja.

Hiraj je izbacila oblačić dima. „Pa, mogu… I u nekom smislu, to jeste tačno", hladno je promrmljala. „Stalno je dolazila u Tokio, uporno i uporno… I svaki put sam je vraćala nazad."

Poslednji put Kej je pomogla Hiraj da izbegne Kumi, sakrivši je iza šanka, a sada je zbog kajanja gledala u pod. Hiraj je nastavila ne obazirući se na Kej.

„Moji nisu hteli da pričaju sa mnom." Hirajin osmeh je u trenutku usahnuo. „Ni jednu jedinu reč."

Hiraj je o Kuminoj smrti obavestila upravnica hotela njenih roditelja. Prošle su godine kako nije primila poziv sa tog broja, ali pre dva dana, rano ujutru, taj broj bio je ispisan na displeju njenog telefona. Hiraj se javila sa knedlom u grlu, a jedina stvar koju je uspela da kaže radnici u suzama s druge strane veze, bila je: „Shvatam", i potom je spustila slušalicu. Zatim je uzela torbu i taksijem se vratila kući kod svojih.

Vozač joj je pričao da je nekad bio komičar i detaljno joj predstavio svoju umetnost, iako ona to nije tražila. Njegove anegdote ispostavile su se kao vrlo zanimljive i ona se držala za stomak od smejanja pozadi na sedištu. Glasno se smejala sa suzama u očima. Na kraju, taksi se zaustavio ispred hotela *Takakura*, kuće gde je Hiraj rođena.

Bilo je to pet sati putovanja i račun je prelazio sto pedeset hiljada jena, ali kako je plaćala u kešu, taksista je zaokružio cifru i zadovoljno odjurio.

Kada je izašla iz taksija, Hiraj je primetila da još uvek ima papuče na nogama i viklere na glavi. Nosila je jednostavnu potkošulju, a toplo jutarnje sunce ju je u potpunosti okupalo. Kad su počele da kaplju prve krupne kapljice znoja, pokajala se što nije ponela maramicu sa sobom. Uputila se ka kući šljunkovitom stazicom koja je vodila iza hotela. Porodična kuća bila je izgrađena u japanskom stilu i ni trunku se nije promenila od trenutka kada je izgrađena, baš kao ni sve ostalo.

Prošla je kapiju i stigla do glavnog ulaza. Prošlo je trinaest godina od kada je poslednji put bila tu, ali sve je i dalje bilo potpuno identično. Za nju to je bilo mesto gde vreme nije prolazilo. Pokušala je da otvori klizeća vrata. Pomerila je panel i ušla. Unutrašnjost je bila od betona i hladan vazduh joj je prostrujao niz kičmu. Prošla je kroz hodnik sve do sale. Prostorija je bila u mraku, bez znakova života u njoj. Prilično normalno. Prostorije u velikim japanskim kućama obično su i bile u polumraku, ali Hiraj se sav taj mrak činio prilično teskobno. U hodniku se samo čuo njen tromi hod. Porodični oltar se nalazio u prostoriji na kraju hodnika.

Kada je virnula u prostoriju gde je bio oltar, videla je da su vrata verande otvorena i prepoznala je pomalo kriva leđa svog oca Jasua. Sedeo je na pragu, zagledan u ozelenelo dvorište.

Kumi je tamo nepomično ležala. Bila je obučena u belo, a na njeno telo položen je roze kimono, namenjen vlasnici hotela. Jasuo mora da se upravo udaljio od nje jer je i dalje stezao u ruci belo platno kojim se obično prekriva lice pokojnika. Njene majke, Mičiko, nije bilo.

Hiraj je sela i zagledala se u Kumino lice, toliko smireno da je delovalo kao da spava. Ovlaš je dotaknuvši, Hiraj je prošaputala: „Srećom.“. Da je unakažena u nesreći, njeno telo bilo bi stavljeno u kovčeg i uvijeno kao mumija. O tome je razmišljala dok je posmatrala sestrino lepo lice. Ta sumnja ju je mučila od trenutka kad su joj rekli da je Kumi imala čeoni sudar sa kamionom. Otac, Jasuo, nije skidao pogled s dvorišta.

„Oče…“, Hiraj mu se obratila drhtavim glasom.

To bi bio njihov prvi razgovor od kada je pre trinaest godina otišla od kuće.

Ali Jasuo je ostao da sedi nepomično, okrenut leđima, i samo je uzdahnuo, kao jedini odgovor koji ima. Hiraj je nastavila da gleda Kumino lice, a onda je polako ustala i bez reči napustila prostoriju.

Uputila se ka Sendaju, gde su pripreme za festival Tanabata bile u jeku. I dalje s viklerima na glavi, tumarala je po gradu sve do uveče, u papučama i potkošulji. Kupila je nešto da obuče za sahranu i uzela sobu u hotelu.

Sutradan, na sahrani, videla je majku Mičiko, pokušavala je da ostane jaka pored oca, koji je lio suze. Umesto da sedne u neki od redova rezervisanih za porodicu, Hiraj je odlučila da sedne na bilo koje mesto. Ona i majka su razmenile samo jedan pogled, ali nisu ništa izustile. Sahrana je glatko protekla, Hiraj je prinela tamjan, ali je onda otišla ne prozborivši ni sa kim.

Stubić pepela na Hirajinoj cigareti se izdužio, a onda nečujno pao. Ona ga je ispratila pogledom.

„Eto, to je sve“, reče ugasivši opušak.

Nagare je pognuo glavu, dok je Kotake nepomično sedela sa šoljicom u ruci.

Kej je gledala Hiraj u oči, veoma zabrinuto.

Hiraj ih je sve troje pogledala i uzdahnula. „Nisam ja za ove stvari“, ogorčeno je rekla.

„Hiraj...“, odvažila se Kej, ali joj je Hiraj mahnula rukom da ne progovara.

„Zato dosta sa tim tužnim licima i prestanite da me pitate da li sam dobro“, zamolila ih je.

Videlo se da Kej želi nešto da kaže, pa je Hiraj zato nastavila.

„Možda ne izgleda tako, ali zaista jesam potresena. Ali sada, ljudi, dosta, moram da dam sve od sebe da se nosim sa ovom užasnom pričom, zar ne?“

Pričala je kao da pokušava da uteši dete u suzama. Ona je prosto bila takva, do kraja nedokučiva. Da je Kej bila na njenom mestu, ona bi plakala danima i danima. Da je to bila Kotake, ona bi ispoštovala period žalosti, plakala zbog preminule i ponašala se na najprikladniji način. Ali Hiraj nije bila ni Kej ni Kotake.

„Ja plačem na svoj način, svako je drugačiji“, zaključila je ustavši i uzevši torbu. „Zato su stvari takve kakve su“, dodala je uputivši se ka vratima.

„Zašto si onda došla u kafić?“, promumlao je Nagare skoro za sebe. „Zašto si došla prvo ovde, a ne pravo u svoj bar?“, odsečno ju je upitao, okrenuvši leđa. Hiraj je na trenutak zastala i ćutala.

„Uhvatio si me", uzdahnula je i vratila se na svoje mesto.

Nagare je nije pogledao, već je nastavio da gleda u slanik koji je držao u ruci.

Ona se vratila i sela tamo gde je ranije sedela.

„Hiraj", rekla joj je Kej približavajući joj se i noseći u ruci pismo. „Još uvek ga imam."

„Nisi ga bacila?" Odmah ga je prepoznala, nije moglo biti drugo do ono pismo koje joj je Kumi napisala i ostavila u kafiću pre tri dana. Hiraj je molila Kej da ga baci, a da se nije udostojila ni da baci pogled o čemu se radi.

Uzela ga je drhtavom rukom: poslednje pismo koje je Kumi svojom rukom napisala u svom životu.

„Nikad ne bih ni pomislila da ću ti ga predati u sličnim okolnostima", šapnula joj je Kej nagnuvši se, kao da se izvinjava.

„Ne, naravno da ne… hvala", odgovorila joj je Hiraj, izvlačeći papir presavijen nadvoje iz otvorene koverte.

Sadržaj je nije iznenadio, uvek je bilo jedno isto. Ali i pored toga što je pismo bilo puno starih uobičajenih iritirajućih fraza, omakla joj se suza iz oka.

„Nisam htela ni da je vidim, a sada se desilo ovo", uzdahnula je. „Ona, međutim, nikad nije odustala od mene, i dolazila je u Tokio hiljadu puta da me vidi."

Prvi put kad je Kumi došla u Tokio da vidi sestru, Hiraj je imala dvadeset četiri godine, a Kumi osamnaest. Ali u to vreme Kumi je još uvek bila *slatka sestrica* koja je s vremena na vreme volela da dolazi kod nje, krišom od roditelja. Išla je u gimnaziju i tokom raspusta pomagala bi u hotelu. Kada je Hiraj otišla odatle, očekivanja roditelja su u trenu prešla na Kumi, i ne čekajući da još malo poraste, već su je predodredili da bude buduća vlasnica, novo lice starog hotela.

Kumini pokušaji da ubedi Hiraj da se vrati u porodicu počeli su upravo tada. Bez obzira na milion obaveza, Kumi je uspevala da nađe vremena da ode u Tokio bar jedanput mesečno. Na početku, dok ju je Hiraj još uvek gledala kao slatku sestricu, bila bi srećna što je vidi i saslušala bi da vidi šta ima da joj kaže. Ali s vremenom su Kumine molbe postale vrsta dosadnog nametanja, i poslednje godine, zapravo, poslednje dve godine da budemo precizniji, Hiraj je radila sve što je mogla samo da je izbegne.

Poslednji put se čak sakrila u tom istom kafiću i odbila je da pročita pismo koje joj je napisala Kumi. Vratila je papir u kovertu koju je Kej sačuvala.

„Znam pravilo. Sadašnjost se ne menja šta god da se uradi. U potpunosti razumem. Vrati me u onaj dan."

„..."

„Preklinjem te!" Hiraj nikad u životu nije izgledala ozbiljnije. Kej je spustila pogled.

Nagare je zažmurio. Očigledno su svi znali na koji dan je Hiraj mislila: pre tri dana, kada je Kumi došla u kafić da potraži svoju sestru. Hiraj je želela da se vrati unazad i da je vidi. Kej i Kotake su čekale Nagareov odgovor, ali on kao da nije disao. Kafić je utonuo u nestvarnu tišinu. Jedino se žena u beloj haljini ponašala kao da se ništa ne dešava, ne skidajući pogled sa svoje knjige.

Tras!

Odjeknuo je udarac slanika koji je Nagare tresnuo o šank.

Potom je, ne rekavši ni reč, nestao u prostoriji iza.

Hiraj je podigla glavu i duboko udahnula.

Iz prostorije, Nagare je tihim glasom pozvao Kazu.

„Ali Hiraj…"

„Da, znam."

Hiraj je prekinula Kotake da ne bi morala da čuje šta ima da joj kaže i otišla pravo kod žene u beloj haljini. „Khm… kao što sam rekla i drugima malopre… Mogu li na trenutak da sednem ovde, molim vas?"

„Hi-Hiraj!", opiminjala je očajna Kej.

„Da li biste mogli to da mi učinite? Molim vas!" Ignorišući Kej, Hiraj je sklopila ruke kao da moli neko božanstvo. Bila je prilično smešna u toj pozi, ali je izgledala ozbiljno.

Ali žena u beloj haljini nije ni obratila pažnju, i to je vidno iznerviralo Hiraj.

„Hej! Čujete li me? Nemojte da me ignorišete! Mogu li da sednem?", rekla joj je spustivši ruku na njeno rame.

„Ne, Hiraj, stani! Nemoj to da radiš!"

„Molim vas!" Hiraj je nije slušala i pokušala je da sedne uhvativši ženu za ruku.

„Hiraj, stani!", vikala je i dalje Kej.

Ali u tom trenutku žena u beloj haljini je razrogačila oči i zagledala se u Hiraj, koja je u trenutku osetila težinu. Kao da je sila gravitacije bila duplo veća. Delovalo je kao da se svetlo u kafiću svelo na plamen jedne sveće na vetru, i uznemirujući sablasni jauk počeo je da odzvanja u kafiću, a dolazio je ko zna odakle. Bez mogućnosti da pomeri ijedan mišić, Hiraj je pala na kolena.

„Ali šta se kog đ... šta se događa?"

„E pa trebalo je da me poslušaš!", rekla je Kej i teatralno uzdahnula.

Hiraj je dobro znala pravila, ali nikad nije čula ništa o prokletstvu. Znala je samo objašnjenja za goste koji su pitali da se vrate u prošlost, ali uglavnom su svi odustajali od te ideje obeshrabreni previše komplikovanim pravilima.

„Ona je đavo... veštica!", povikala je.

„Ne, to je samo duh", hladno ju je ispravila Kej.

Prignječena uz pod, Hiraj je psovala ženu u beloj haljini, ali bezuspešno.

„Oh!...", uzviknula je Kazu vrativši se iz druge prostorije. Odmah je znala o čemu se radi. Vratila se u kuhinju i ponovo se pojavila sa bokalom punim kafe.

„Želite li još kafe?", upitala je ženu u beloj haljini.

„Da, hvala", odgovorila joj je žena, a Hiraj je ponovo postala slobodna.

Ko zna zašto, Kazu je bila jedina koja je mogla da prekine prokletstvo: kada su to probali Kej i Nagare, ništa se nije dešavalo. U međuvremenu, Hiraj se vratila u normalu, ali je i dalje bila zadihana, veoma iscrpljena zbog onoga što se upravo desilo.

„Kazu, draga, molim te, reci joj nešto“, zamolila ju je. „Neka se pomeri!“, zacmizdrila je.

„Razumem, znam kako se osećaš, Hiraj.“

„I možeš li da učiniš nešto?“

Kazu se zagledala u bokal koji je držala u ruci, zaustavivši se na trenutak da razmisli.

„Ne znam da li će da uspe…“

Hiraj je bila toliko očajna da je želela da pokuša i nemoguće.

„Šta god! Molim te, uradi to za mene!“, preklinjala ju je, spajajući ruke kao da se moli.

„U redu, hajde da probamo.“ Kazu je otišla do žene u beloj haljini. Uz pomoć Kej, Hiraj je ponovo ustala i posmatrala šta se dešava.

„Želite li još kafe?“, vratila se Kazu da je ponovo pita, iako je šoljica bila puna do vrha.

Hiraj i Kotake su nakrivile glavu, ne shvatajući šta se zbiva.

Ali žena u beloj haljini je odgovorila: „Da, hvala“, i potom iskapila kafu koju je malopre nasula. Tada je Kazu ponovo napunila praznu šoljicu, a žena je nastavila da čita svoju knjigu, kao da se ništa nije desilo.

Potom, odmah nakon toga…

„Želite li još kafe?“, ponovo ju je pitala Kazu.

Žena u beloj haljini još uvek nije stigla ni da takne tek nasutu kafu, ali je ipak odgovorila: „Da, hvala“, i naiskap popila svu kafu.

„Ha, ko bi rekao...", posmatrala je Kotake, konačno shvatajući Kazuinu nameru.

U međuvremenu, Kazu je nastavljala sa svojim neobičnim planom. Svaki put kad bi joj nasula kafu, ponovo bi je pitala: „Želite li još kafe?", i svaki put bi joj žena u beloj haljini odgovarala: „Da, hvala", te je potom ispijala do poslednje kapi. Ali nakon nekog vremena, počelo je da izgleda kao da je ženi pomalo neprijatno.

Umesto da i dalje pije kafu naiskap, uzimala je male gutljaje. Zahvaljujući ovoj taktici, Kazu je uspela da je navede da proguta sedam šoljica kafe.

„Deluje da joj je naporno... Ali zašto ne kaže ne i tačka?", prokomentarisala je Kotake, saosećajući sa ženom u beloj haljini.

„Ne može da kaže ne", šapnula joj je Kej na uvo.

„A zašto?"

„Zato što je izgleda to pravilo."

„Neverovatno!", uzviknula je Kotake, iznenađena činjenicom da nisu samo putnici kroz vreme morali da poštuju niz napornih pravila. Nastavila je da posmatra, nestrpljiva da vidi kako će se završiti. Kazu je nasula osmu kafu, puneći šoljicu skoro preko ivica. Žena u belom ju je neprijateljski pogledala, ali Kazu nije reagovala na to.

„Želite li još kafe?"

Kada joj je Kazu ponudila devetu kafu, žena u beloj haljini je odjednom ustala sa stolice.

„Ustala je!", povikala je Kotake uzbuđeno.

„Toalet", promrmljala je žena u belom, gledajući Kazu u oči pre nego što će otrčati.

Nije bilo lako, ali je *ona* stolica najzad bila slobodna.

„Hvala", rekla je Hiraj ustremivši se na stolicu sa nestrpljenjem koje kao da se poput zaraze prenelo i na ostatak kafića. Duboko je udahnula, lagano izdahnula vazduh i skupila se između stola i stolice, nežno zatvorivši oči.

Od kada je bila mala, Kumi je uvek bila mlađa sestra koja je svuda pratila svoju stariju sestru, neprestano je oslovljavajući sa *sekana*.

Starinski hotel je uvek bio prepun ljudi, nezavisno od sezone, a roditelji su bili jedini vlasnici. Majka Mičiko se vratila na posao nedugo nakon njenog rođenja, i često je o njoj vodila računa sestra starija šest godina, Hiraj. Kada je Hiraj krenula u osnovnu školu, na leđima je nosila Kumi. Bila je to seoska škola, njihova, i učitelji su imali mnogo razumevanja. Ako bi malena kojim slučajem počela da plače na času, Hiraj bi je iznela napolje i mazila je. U školi je Hiraj bila pouzdana starija sestra koja je brinula o svojoj sestrici.

Roditelji su gajili velike nade u pogledu Hiraj, koja je po prirodi bila druželjubiva i simpatična. Mislili su da će postati odlična vlasnica hotela. Ali su potcenili kompleksnost njenog karaktera.

Konkretno, Hiraj je bila slobodnog duha i želela je da radi stvari a da ne mora da brine o osudi drugih. Zbog toga nije ni imala problema da nosi Kumi sa sobom na leđima u školu. Nije imala barijere, volela je da radi stvari na svoj način. Ta njena priroda bi ih razrešila svih briga, ali slobodni duh bio je isti taj zbog koga je na kraju odbila zaduženje da upravlja hotelom.

Nije mrzela roditelje, niti su oni mrzeli nju. Ona je živela samo da bude slobodna. Kada je sa osamnaest godina otišla od kuće, Kumi je tada imala dvanaest. Ljutnja njenih roditelja bila je ravna njihovim očekivanjima, i zbog toga su je se odrekli. Da su se roditelji potresli njenim odlaskom, ni Kumi se ne bi dobro osećala.

Ali Kumi je to možda i očekivala jer na dan kad je otišla nije pustila ni suze, već je videvši pismo koje joj je Hiraj ostavila, samo progunđala: „Kako je sebična."

Kazu je stajala pored Hiraj i držala je srebrni poslužavnik sa belom šoljicom i srebrnim bokalom. Izgledala je smireno, odvažnog pogleda.

„Znaš koja su pravila?"

„Znam koja su pravila."

Kumi je bila u kafiću, i iako se njena smrt u nesreći ne može sprečiti, Hiraj je sada sedela na pravoj stolici. Ako bi mogla da vidi Kumi poslednji put, pa čak i nakratko, opet bi vredelo truda.

Hiraj je poletno klimnula i pripremila se, ali je Kazu nastavila: „Onog ko se vraća u prošlost da bi sreo dragu osobu koje sada više nema često savladaju emocije i ne može toj osobi da kaže zbogom. Zato želim da ti dam ovo…“ Kazu je stavila Hiraj u šoljicu štapić dugačak deset centimetara, poput onih koji se stavljaju u koktel. Ličio je na neku vrstu kašike.

„A šta je ovo?“

„To počinje da svira malo pre nego što će se kafa ohladiti. Zato, kad bude zazvonio alarm…“

„Odlično, znam. Shvatila sam, ne brini.“

Neodređenost isteka roka („pre nego što se kafa ohladi“) zabrinjavala je Hiraj. Čak i ako *ona* bude mislila da se kafa ohladila, možda bude još malo vremena. Ili baš suprotno: ako bude mislila da je kafa još topla, mogla bi da napravi grešku i ostane predugo, i nikad se više ne vrati nazad. Alarm je stvari činio mnogo jednostavnijim i to je umirivalo sve njene zebnje.

Želela je samo da se izvini. Kumi je hiljadu puta pokušala da je vidi, ali je Hiraj to doživljavala samo kao veliki napor.

Osim toga što se loše ophodila prema njoj, postojalo je i pitanje toga što je Kumi bila primorana da nasledi *Takakuru*.

Kada je Hiraj otišla od kuće i kada je odbačena, naslednica svega automatski je postala Kumi, a ona je bila previše poslušna da bi izdala očekivanja roditelja kao što je to uradila Hiraj.

Ali šta ako ju je to nateralo da se odrekne nekog njenog sna?

Ako je imala san koji se razbio u paramparčad zbog Hirajinog egoizma, to bi onda objasnilo njeno insistiranje: kada bi se sestra vratila kući, povratila bi svoju slobodu i mogla bi da prati svoje ambicije.

Ako je Hiraj pronašla svoju slobodu na Kumin račun, onda nije ni bilo čudno što je bila ozlojeđena. I sada Hiraj nije to mogla sebi da oprosti.

Zbog toga joj je bilo toliko bitno da se izvini. Iako nije bilo načina da promeni sadašnjost, mogla je bar da joj kaže: „Oprosti mi, molim te, oprosti svojoj sekani zbog njenog egoizma."

Hiraj je pogledala Kazu u oči i odlučno joj klimnula.

Kazu je stavila šoljicu pred Hiraj. Uzela je desnom rukom srebrni bokal sa poslužavnika i ozbiljno pogledala Hiraj. To je bio deo ceremonije. Ceremonija se nije menjala, bez obzira na to ko je sedeo na *toj* stolici. Kazuin izraz lica bio je deo procedure.

„Bitno je...", Kazu je napravila pauzu pa prošaputala: „da popiješ kafu dok je topla..."

Počela je polako da sipa kafu, koja je tiho izlazila iz uzanog kljuna bokala od srebra, u vidu crnog potočića. Hiraj je gledala površinu tečnosti dok se nivo podizao. Što je više vremena trebalo kafi da popuni šoljicu, to je Hiraj postajala nestrpljivija. Želela je da se vrati unazad i da sretne svoju sestricu u tom određenom momentu. Želela je da je vidi, želela je da joj se izvini. Ali kafa je počinjala da se hladi čim bi bila nasuta, a vremena koje je imala na raspolaganju bilo je zaista malo.

Počeo je da se diže dim iz šoljice. Dok ga je posmatrala, Hiraj je prožeo osećaj vrtoglavog pomeranja. Njeno je telo nestajalo u pari i činilo joj se da se podiže sa zemlje. S obzirom na to da je to bio prvi put da radi nešto slično, nije se uplašila. Osećajući da nestrpljenje od malopre polako nestaje, lagano je zažmurila.

Prošlo je sedam godina od kada je Hiraj prvi put ušla u ovaj kafić. Tada je imala dvadeset četiri godine i upravljala je svojim barom već tri meseca. Jedne nedelje krajem jeseni, lutala je bez cilja okolinom i slučajno je ušla u ovaj kafić da baci pogled. Jedina gošća, osim nje, bila je jedna žena u beloj haljini. U to doba godine ljudi su već počinjali da vade svoje šalove, međutim, ta žena je nosila kratke rukave. Hiraj se smestila za šankom, razmišljajući o tome kako toj sirotoj ženi mora da je mnogo hladno, iako sedi u zatvorenom.

Pogledala je unaokolo, ali nije bilo konobara. Iako se oglasilo zvono na ulaznim vratima kad je ušla, nije nikoga čula da je dočeka sa *dobar dan*, kao što bi inače bio red. Činilo joj se da im nije baš stalo do gostiju, ali to je nije omelo: oduvek su je privlačila mesta koja se nisu pridržavala pravila. Zato je odlučila da sačeka da se pojavi neko da je posluži. Možda nisu čuli zvono? Zapitala se da li se to često događa. Pored toga, ni žena u beloj haljini nije podigla pogled sa svoje knjige, kao da je nije ni primetila. Hiraj je pomislila da je možda greškom ušla u lokal na dan kad ne radi. Nakon otprilike pet minuta, ponovo se oglasilo zvono i ušla je devojka za koju se moglo reći da je srednjoškolka. Tek onako, bez osećaja krivice, rekla joj je: „Dobar dan, dobro došla“, i potom je nestala u prostoriji iza. Hiraj je sve to uzbuđivalo: pronašla je kafić u kome gost nije uvek u pravu, i to je bio znak slobode. Nije bilo načina da zna kada će je poslužiti. Sviđao joj se takav tip lokala, bila je to prijatna promena u odnosu na mesta na kojima su se uvek ponašali na stari uobičajeni, predvidivi način. Zapalila je cigaretu i nastavila strpljivo da čeka.

Nakon nekoliko minuta, iz prostorije iza pojavila se jedna žena. Hiraj je pušila svoju drugu cigaretu. Žena je nosila bež kardigan i dugu belu suknju sa keceljom bordo boje. Imala je velike okrugle oči.

Srednjoškolka mora da ju je obavestila da imaju gošću, ali se ona pojavila kao da se ništa nije dogodilo.

Izgledalo je kao da se ženi sa krupnim očima uopšte ne žuri. Nasula je vodu u čašu i spustila je pred Hiraj. „Dobar dan, dobro došla", rekla joj je osmehujući se kao da je sve u redu. Gost koji želi poseban tretman, mogao bi da očekuje izvinjenje zbog spore usluge, ali Hiraj to nije želela niti je očekivala ništa slično. Žena uopšte nije delovala kao da se oseća krivom, naprotiv, čak joj se ljubazno osmehivala. Hiraj nije nikad upoznala toliko neposrednu ženu, koja je stvari radila na svoj način, baš kao i ona sama. Odmah joj se svidela. *Loše se ponašaj prema njima i imaćeš ih odmah na kolenima*: bio je Hirajin moto.

Od tog trenutka pa nadalje, nije prošao ni dan a da Hiraj nije svratila na kafu. Tokom te zime, otkrila je da u tom kafiću može da se *vraća u prošlost*. Kada je, začuđena letnjom garderobom žene u beloj haljini, pitala: „Ali zar joj nije hladno, šta mislite?", Kej joj je objasnila ko je zapravo ta žena i kako se može putovati kroz vreme ako se sedne na *tu* stolicu.

Budući da joj je to zvučalo potpuno nemoguće, Hiraj joj je odgovorila: „Ma nemoj mi reći!" Kako Kej nije delovala kao tip osobe koji priča svašta, u tom trenutku je to pitanje ostavila po strani. Otprilike šest meseci kasnije, urbana legenda o kafiću se pročula i on je postao neverovatno popularan.

Ali čak i onda kada je saznala za mogućnost da se putuje kroz vreme, Hiraj nikad nije pomislila da to i sama uradi. Živela je život brzo i nije imala zbog čega da žali. A i svakako – mislila je – kakvog je smisla sve to imalo ako sadašnjost ne može da se promeni, šta god da se uradi? Tako je razmišljala sve dok Kumi nije nastradala u automobilskoj nesreći.

Usred vrtloga, Hiraj je čula da je neko zove. Začuvši taj poznati glas, u trenu je otvorila oči. Gledajući u pravcu odakle je dopirao glas, videla je Kej, stajala je sa bordo keceljom na sebi. Njene velike okrugle oči otkrivale su iznenađenost što je vide. U kafiću je bio Fusagi, sedeo je za stolom najbližem ulazu: u potpunosti ona scena koje se Hiraj sećala. Vratila se u onaj dan, dan u kom je Kumi još uvek bila živa.

Hiraj je osetila kako joj srce snažno kuca. Morala je da se smiri. Bila je napeta poput strune i mučila se da ostane pribrana, nateknutih i crvenih očiju, sa knedlom u grlu. Nije želela da je Kumi zatekne takvu, ne nikako. Stavila je ruku na srce, polako udahnula i pokušala da se smiri.

„Ćao", pozdravila je Kej.

Kej se iznenadila kada je videla nekoga koga poznaje da sedi na *onoj* stolici. Zbunjena, ali i radoznala u isto vreme, obratila joj se kao da joj je prvi put da dočekuje takvog posetioca.

„Šta... Došla si iz budućnosti?"

„Tačno."

„Zaista? A zašto?"

Kej iz prošlosti nije imala pojma šta se u međuvremenu desilo. Bilo je to direktno pitanje, postavljeno sa najvećom iskrenošću.

„Došla sam da vidim svoju sestru." Hiraj nije mogla da slaže i stegla je što je jače mogla pismo koje je držala u krilu.

„Onu istu koja stalno dolazi da te ubedi da se vratiš kući?"

„Da, baš nju."

„Hm, kakva promena! Zar obično ne pokušavaš da je izbegneš?"

„Možda, ali ne danas... Danas sam ovde baš da bih je videla."

Hiraj je dala sve od sebe da joj odgovori sa osmehom, ali njene oči se uopšte nisu smejale. Nisu blistale, naprotiv, nije znala gde da uperi pogled. Kej nije trebalo mnogo da je pročita, i Hiraj je znala da već nešto sumnja.

„Desilo se nešto loše?", prošaputala joj je Kej.

Na trenutak, Hiraj nije znala šta da joj kaže, a potom je uspela da joj odgovori, ne previše ubedljivo: „Oh, ništa posebno."

Voda pada odozgo nadole, to je sila gravitacije. Možda i emocije funkcionišu po istom pravilu. Pred osobom sa kojom smo duboko povezani i kojoj poveravamo lična osećanja, teško je lagati i ostaviti to po strani. Istina želi da izađe po svaku cenu, pogotovo kad pokušavamo da sakrijemo tugu ili krhkost. Mnogo je lakše sakriti tugu pred strancem, ili pred nekim u koga nemamo poverenja. Hiraj je u Kej videla poverljivu osobu sa kojom može bilo šta da podeli. Gravitaciona sila emocija bila je veoma moćna. Kej je bila u stanju da prihvati bilo šta – da oprosti bilo šta – i Hiraj je pustila da istina izađe na videlo. Jednom jedinom nežnom rečju, Kej je mogla da olabavi strunu.

U tom trenutku, bilo je dovoljno da Kej izgovori samo jednu nežnu reč i istina bi šiknula napolje. Kej ju je zabrinuto posmatrala. Hiraj je to dobro znala, čak i da je nije pogledala, i zbog toga je očajnički skretala pogled.

Kej je izašla iz šanka, zabrinuta što Hiraj ne želi da je pogleda. A onda se u tom trenutku začulo zvono na vratima.

„Dobar dan, dobro došli“, uzviknula je Kej, u trenutku zastavši, gledajući ka ulazu sa neizvesnošću.

Ali Hiraj je bila sigurna da je to Kumi. Kazaljke na satu na sredini zida pokazivale su tačno tri sata, a Hiraj je znala da jedino taj sat pokazuje tačno vreme. Upravo u to vreme je Kumi ušla u kafić pre tri dana.

Tog dana Hiraj je bila primorana da se sakrije u šanku – lokal se nalazio u podrumu i imao je samo jedan ulaz – nije imala drugog izbora. Jedini prilazni put bile su stepenice koje su vodile na ulicu. Hiraj bi uvek svratila posle ručka, naručila kafu, razmenila koju reč sa Kej i potom bi se vraćala na posao. Tog dana je rešila da otvori svoj bar ranije nego obično: sećala se da je pogledala na sat u sredini kako bi videla koliko je sati, bilo je tačno tri. „Malo je rano“, rekla je sebi, ali je odlučila da proba da napravi neku zakusku. Platila je svoju kafu i spremala se da izađe, zapravo, ruku je već stavila na kvaku kada je sa vrha stepenica čula Kumin glas.

Kumi je silazila niz stepenice pričajući na telefon. U naletu panike, Hiraj se vratila nazad i otrčala da se sakrije iza šanka. *Ding-dong*, čulo se zvono. Dok se onako šćućurena krila u šanku, Hiraj je videla da Kumi ulazi. Eto kako je prošao njihov propušteni susret od pre tri dana.

Sada je Hiraj sedela na *onoj* stolici, u iščekivanju da Kumi uđe. Shvatila je da nema predstavu kako će biti obučena. Nije je pažljivo pogledala godinama, ruku na srce, niti se sećala kad je to poslednji put uradila. Shvatila je koliko je uporno svaki put izbegavala posete svoje sestre i preplavilo ju je osećanje kajanja. Bol se povećao kada se prisetila bednih taktika koje je koristila samo da bi izbegla da je sretne.

Ali sada nije bilo vreme za plakanje. Nikad nije plakala pred sestrom. Kad bi briznula u plač, Kumi bi postala sumnjičava i želela bi da zna šta se desilo. Saterana u ćošak, Hiraj bi popustila, i znajući da se sadašnjost neće promeniti, verovatno bi joj rekla: „Imaćeš automobilsku nesreću, vrati se kući vozom!“ Ili: „Nemoj da se vraćaš kući danas!“ Ali bi to bila najgora stvar koju bi mogla da kaže. Samo bi ispala ptica zloslutnica, i tako bi uznemirila Kumi. Htela je to da izbegne po svaku cenu, nije htela da joj stvara dodatne patnje. Udahnula je duboko, pokušavajući da ućutka svoje neuravnotežene emocije.

„Sekana?“

Čuvši taj glas, Hiraj je srce preskočilo. Bio je to Kumin glas, glas koji je mislila da nikada više neće čuti. Polako je otvorila oči i videla da je sestra gleda sa praga.

„Hej, ćao...“ Hiraj je podigla ruku, pozdravila je i osmehnula se što je više mogla. Nervoza od malopre je nestala, ali je u krilu još uvek čvrsto držala pismo. Kumi je nastavila da je posmatra. Hiraj je u potpunosti razumela njenu zbunjenost. U svim drugim prilikama kada su se srele, Hiraj se nikad nije trudila da sakrije koliko joj je sestra naporna, zauzimala je ledeni stav kako bi joj dala do znanja da jedva čeka da ode. Međutim, ovog puta je bilo drugačije, ovog puta ju je gledala osmehujući joj se. Obično je izbegavala bilo kakav kontakt očima, dok sada nije skidala pogleda sa nje.

„Vau... baš čudno! Šta ti je danas?“

„Na šta misliš?“

„Mislim... svih ovih godina nikad nije bilo ovako lako naći te.“

„Stvarno to misliš?“

„Znam!“

„O, Kumi, toliko mi je žao“, uzdahnula je Hiraj zavrtevši glavom.

Kumi joj se polako približila, kao da se zbog Hirajinog drugačijeg ponašanja i ona malo opustila.

„Hm… mogu li da poručim? Molim vas, želela bih jednu kafu, tost, rižoto sa karijem i mešani sladoled kup“, zamolila je Kej koja je stajala za šankom.

„Odmah“, rekla je Kej, bacivši pogled na Hiraj.

Videvši onu Hiraj koju je poznavala, Kej je izgledala mnogo smirenije kad je nestala u kuhinji.

„Mogu li da sednem?“, oklevajući je pitala Kumi, prinevši stolicu naspram Hiraj.

„Ma naravno“, odgovorila joj je Hiraj sa osmehom.

Sva zadovoljna, Kumi je uzvratila osmehom i sela.

Nekoliko trenutaka ni jedna ni druga nisu progovarale. Samo su se gledale. Kumi je izgledala nervozno i nije uspevala da se opusti, dok je Hiraj nastavljala da je posmatra, srećna što može da je vidi.

„Danas je baš čudno…“, promrmljala je Kumi, takođe gledajući Hiraj direktno u oči.

„U kom smislu?“

„Kao da su prošli vekovi otkad smo sedele ovde ovako i gledale se…“

„Stvarno?“

„O, hajde! Poslednji put kad sam došla, stajala sam pred vratima tvoje kuće i ti mi nisi dala da uđem. Jednom pre toga si pobegla i morala sam da jurim za tobom. A još jednom pre toga, prešla si na drugu stranu ulice kako bi me izbegla, a onda još jednom si...“

„Užasno, zar ne?“, složila se Hiraj.

Znala je da Kumi može tako da nabraja unedogled. Bilo je očigledno kako stoje stvari: kada se pravila da nije kod kuće sa svim svetlima upaljenim, kad se pravila da je pijana i da je ne prepoznaje... Nikad nije čitala Kumina pisma, samo bi ih bacila. Čak i poslednje. Bila je užasna starija sestra.

„Hm, ti si jednostavno takva.“

„Žao mi je, Kumi, zaista mi je žao“, rekla je Hiraj, razvezavši jezik kako bi smanjila napetost.

Ali Kumi se nije predavala. „Dakle, reci mi istinu: šta se desilo?“, pitala ju je zabrinuto.

„Ha? Na šta misliš?“

„Hajde, molim te, ponašaš se čudno!“

„Stvarno?“

„Ma da li se nešto desilo?“

„Ne... ništa posebno“, odgovorila je Hiraj trudeći se da se ponaša uobičajeno.

Kumi ju je gledala toliko zabrinuto i uznemireno da se Hiraj na trenutak zapitala da možda ona treba da proživi svoje poslednje sate, kao protagonista sapunice koji se odjednom iskupi pred smrt. Osetila je kako joj se oči pune suzama zbog te surove ironije. Ne, nije ona proživljavala svoje poslednje sate života. Preplavljena naletom emocija, nije više mogla da izdrži sestrin pogled pa je odmah pognula glavu.

„Evo ga...“, ponovo se pojavila Kej, sada sa kafom, u pravi čas.

Hiraj se u trenutku ispravila.

„Hvala“, rekla joj je Kumi, kulturno klimnuvši.

„Nema na čemu“, odgovorila je Kej spustivši šoljicu na sto. Potom se blago naklonila i vratila u šank.

Nit razgovora je bila prekinuta i Hiraj više nije znala šta da kaže. Otkako je Kumi ušla u kafić, Hiraj je želela da je čvrsto zagrli i vikne: „Nemoj da umreš!“ Silno se trudila da to ne uradi.

Kako se ćutanje nastavljalo, Kumi je postajala sve nervoznija. Osećala je nemir i gledala je na sat na zidu. Hiraj je po njenom ponašanju mogla da pretpostavi o čemu razmišlja.

Kumi je pažljivo birala reči. Spuštajući pogled, ponavljala je u sebi ono što je htela da kaže. Očigledno je u sebi bilo lakše izgovoriti: „Molim te, vrati se kući.“ Ali reći to naglas bilo je pravo mučenje.

Bilo je teško jer svaki put kad bi to probala tokom proteklih godina, Hiraj bi kategorički odbijala, i što bi više odbijala, postajala bi sve hladnija i dalja. Kumi se nikad nije predala, bez obzira na to koliko ju je puta sestra odbila, ali još uvek se nije bila navikla na dobijanje negativnog odgovora. Svaki put kad bi ga dobila, osećala bi se loše i bila bi tužna.

Kada je Hiraj pomislila koliko je samo bila oštra prema Kumi, napetost u njenim grudima dosegla je tačku pucanja. Kumi se sigurno već dugo tako osećala. Ubeđena da će je Hiraj ponovo po ko zna koji put odbiti, Kumi nije znala kako da započne razgovor. Svaki put je morala iznova da skuplja hrabrost, ali nikad nije odustajala. Podigla je glavu i pogledala je pravo u oči, bez straha. Hiraj nije skretala pogled i gledala je pravo u Kumine oči, koja je uzela dah i samo što se spremala da progovori.

„U redu, ako želiš, vratiću se kući“, odgovorila je Hiraj.

Tehnički se nije radilo o odgovoru jer je Kumi još uvek ništa nije ni pitala. Ali Hiraj je odlično znala šta će je pitati i zbog toga je odgovorila na ono što je mislila da će biti pitanje: „Hoćeš da se vratiš kući?“

Kumin izraz lica je otkrivao koliko je zabezeknuta, kao da nije mogla da razume šta je rekla Hiraj. „Izvini?“

Hiraj je još glasnije ponovila: „U redu… ako želiš, vratiću se kući, u *Takakuru*.“

Kumi i dalje nije mogla da poveruje. „Jesi li ozbiljna?“

„Ali znaš da neću biti od velike pomoći, zar ne?“, precizirala je Hiraj, glasom kao da se izvinjava.

„U redu, nema problema! Naučićeš posao. Tata i mama će biti tako srećni, videćeš, sigurna sam!“

„Stvarno?“

„Sigurno!“, odgovorila je Kumi klimajući galvom. Trenutak nakon toga zacrvenela se i briznula u plač.

„Šta ti je?“

Ovog puta bio je red na Hiraj da pokaže koliko je iznenađena, iako je dobro znala zašto Kumi plače: ako se Hiraj vrati u *Takakuru*, ona će ponovo imati svoju slobodu. Sav napor koji je proteklih godina ulagala da je ubedi, konačno je urodio plodom, i nije bilo čudo što je bila srećna. Ali Hiraj nikad nije ni pomislila da će briznuti u plač.

„To je uvek bio moj san“, priznala je Kumi, spuštenog pogleda, dok su joj suze padale po stolu.

Hirajino srce je počelo ludački da udara. Znači da je i Kumi imala svoje snove i želela je nešto da radi. Njen egoizam ju je odvojio od sna zbog koga je vredelo toliko plakati.

Videlo se da je Kumi dobro znala o čemu govori.

„Kakav san?“, upitala ju je.

Očiju nateklih od plakanja, Kumi ju je pogledala i duboko udahnula. „Da zajedno vodimo hotel. Ti i ja“, odgovorila joj je sa osmehom na licu.

Nikad nije videla da se tako ozareno osmehuje.

Hiraj se prisetila komentara koje je razmenila sa Kej tog istog dana u prošlosti: „Ljuta je na mene.“ „Nije želela da ona nasledi taj hotel.“ „Ja joj uporno govorim da neću da se vratim, ali ona ne prestaje da me moli. Nije dovoljno reći da je uporna.“ „Nemam želju da vidim onaj pogled.“ „Čitam joj sve u pogledu. Mojom krivicom, ona mora da upravlja hotelom koji je ne zanima. Želi da se vratim kući da bi ona ponovo postala slobodna.“ „Stvara mi veliki pritisak.“ „Baci ga!“ „Znam već šta tu piše… Ne mogu sama. Molim te da se vratiš kući. Brzo ćeš naučiti posao, videćeš.“

Eto šta je govorila Hiraj, a grdno se prevarila. Kumi uopšte nije bila ljuta na nju. A nije bilo tačno ni da ne želi da nasledi hotel. Razlog što Kumi nikad nije odustala od pokušaja da ubedi Hiraj bio je to što je njen san *ovo*. Razlog nije bio to što je želela nazad svoju slobodu, a ni to da joj je nešto zamerala: želela je samo da vodi hotel zajedno sa Hiraj. Taj san se nije menjao, a nije ni sestrica, koja je sada bila pred njom, s obrazima prošaranim potočićima od suza radosnica. Njena sestrica Kumi, koja je uvek obožavala svim svojim srcem svoju sekanu, koja je došla hiljadu puta da je ubedi da se vrati porodici i koja nikad nije odustajala. Dok su je njeni roditelji odbacili, Kumi je bila sigurna da će se pre ili kasnije Hiraj vratiti kući. Kako je bila draga njena sestrica koja je uvek i svuda išla za njom! „Sekana, sekana!" Hiraj je nije mogla više voleti od toga!

Ali sestrica koju je toliko volela već je bila izgubljena.

Nadjačalo ju je kajanje. „Nemoj da umreš tako, molim te! Ne smeš da umreš!"

„Ku-Kumi!", Hiraj je tiho izgovorila njeno ime, kao da joj se otelo sa usana. Iako je bilo skroz uzaludno, želela je opet da proba da je spreči da umre. Ali je Kumi možda nije čula.

„Čekaj minut. Idem do toaleta da popravim šminku", rekla joj je Kumi ustavši.

„Kumi!", viknula je u očaju Hiraj.

Čuvši način na koji ju je Hiraj pozvala, zaustavila se u trenu. „Šta se dešava?", pitala ju je iznenađeno.

„Ovaj, ništa, izvini."

To očigledno nije bila istina. „Nemoj da ideš! Nemoj da umreš! Žao mi je! Molim te, oprosti mi! Da nisi došla kod mene, ne bi umrla!"

Bilo je toliko toga što je želela da joj kaže, i zbog čega je želela da joj se izvini: ostavila je porodicu zbog svog egoizma, zbog nje je Kumi morala da brine o roditeljima, da preuzme ulogu naslednice. Ne samo što je izbegavala da misli koliko je bila gruba prema svojoj porodici nego se nikad nije ni zapitala kako je Kumi uspevala toliko često da je posećuje uprkos svim obavezama koje je imala.

„Tek sad shvatam koliko mora da si patila što imaš mene za stariju sestru. Mnogo mi je žao!"

Ali nijedno od ovih osećanja nije se moglo pretočiti u reči. Nikad ništa nije shvatala... Ali šta je trebalo da kaže? I šta je htela da kaže?

Kumi ju je umilno gledala čekajući da progovori.

„Kako možeš tako umilno da me gledaš nakon što sam bila onako grozna prema tebi? Sačuvala si svu privrženost dok si me toliko vremena čekala. Nadajući se da ćemo pre ili kasnije raditi zajedno u hotelu. I nikad nisi odustala. Dok ja..."

Nakon duge tišine i milion preispitivanja, Hiraj je uspela samo da promuca: „Hvala."

Nije znala da li ta jedna jedina reč može u sebi da sadrži sve njene emocije i da li može da prenese kako se u tom trenutku oseća. Ali u tu je reč unela celu sebe.

Kumi ju je zbunjeno gledala, ali je onda odgovorila sa velikim osmehom: „Znaš, danas si baš čudna, veruj mi!"

„Da, čini mi se da jesam", odgovorila je Hiraj skupljajući svu snagu da iz sebe izvuče što širi osmeh. Vidno srećna, Kumi je klimnula i okrenula se da ode u toalet.

Hiraj ju je ispratila pogledom, očiju nateklih od suza. Nije više mogla da ih zadrži, ali se ipak trudila da ne trepne. Držala je pogled na Kuminim leđima, posmatrajući je sve dok nije nestala. Čim je Kumi izašla iz njenog vidnog polja, Hiraj je spustila glavu i suze su počele da padaju po stolu kao kapi kiše. Osećala je kako joj se bol penje iz dubine srca. Želela je da počne da viče kao luda, ali nije mogla.

Kumi bi je čula. Pokrila je usta da ne bi zaurlala ime svoje sestre, a onda je briznula u bešumni plač, tresući se od glave do pete. Kej ju je pozvala iz kuhinje, zabrinuta zbog njenog čudnog ponašanja.

„Je l' sve u redu, Hiraj?"

Bi-bip-bip-bip-bip...

Iz šoljice se iznenada začuo zvuk: alarm ju je upozoravao da će se kafa uskoro ohladiti.

„O, ne, alarm!"

Kej je u trenu razumela sve, čim je čula taj zvuk: čuo se samo onda kada bi se ljudi vraćali u prošlost da bi se sreli sa nekim ko je preminuo.

„O bože... njena slatka sestrica..."

Dok je Kumi i dalje bila u toaletu, Kej je pogledala Hiraj. „Ne može biti...", promucala je užasnuta.

Hiraj je videla kako je Kej gleda i samo joj je tužno klimnula.

Kej je izgledala očajno. „Hiraj!", ponovo je povikala.

„Znam", rekla je, hvatajući se za šoljicu. „Treba da popijem kafu, zar ne?"

Kej ništa nije rekla. Nije uspevala ništa da kaže.

Hiraj je uzela šoljicu. Udahnula je i izdahnula uz jecaj, dok joj je bol isticao iz srca.

„Želim još samo poslednji put da joj pogledam u lice. Ali onda neću moći da se vratim."

Hiraj je drhtavim rukama prinela šoljicu ustima. Morala je da popije tu kafu. Oči su joj se ponovo napunile suzama dok ju je preplavilo more misli.

„Zašto se to desilo? Zašto je morala da umre? Zašto joj ranije nisam rekla da ću se vratiti kući?"

Šoljica se zaustavila na nekoliko milimetara od njenih usana i nije mogla dalje. Nakon jednog trenutka: „Ah, ne mogu da je popijem!"

Spustila je šoljicu potpuno iscrpljena. Nije imala ni najmanju predstavu šta želi da uradi niti zašto se vratila u prošlost. Znala je samo da voli svoju sestricu, koja je za nju bila blago, i koje više nije bilo.

„Ako sad popijem kafu, nikad više neću videti svoju sestru. Čak i ako sam je na kraju nasmejala, biće to poslednji put." Pa ipak je znala da nikad neće uspeti da popije kafu ako je Kumi pred njom.

„Hiraj!"

„Ne mogu da je popijem!"

Kej je videla koliko je očajna. Ugrizla se za usnu strogog pogleda.

„Upravo si obećala…", rekla je drhtavim glasom.

„Upravo si obećala svojoj sestri, zar ne? Da ćeš se vratiti u hotel."

Osmeh pun sreće na Kuminom licu ostao je duboko urezan u njenom sećanju.

„Rekla si da ćeš voditi hotel zajedno sa njom."

Hiraj je zamislila da je Kumi živa, njih dve kako srećno rade zajedno u hotelu.

Zvuk onog telefonskog poziva rano ujutru ponovo joj je odzvonio u glavi. „Ali ona je…"

Slika Kumi kako ispružena leži kao da spava pojavila joj se pred očima. Kumi više nije bilo.

Šta će raditi kad se vrati u sadašnjost? Njeno srce je izgubilo svu želju da se vrati. Čak je i Kej plakala, ali Hiraj nikad nije čula takvu odlučnost u njenom glasu. „To znači da treba da se vratiš. Znači da je to najvažnije do sada."

„U kom smislu?"

„Zamisli samo koliko bi tvoja sestra bila tužna kada bi znala da tvoje obećanje važi samo za danas. Bila bi slomljena, zar ne misliš tako?"

„Da! Kej je u pravu. Kumi mi je rekla da je njen san bio da radi sa mnom i ja sam joj to i obećala. Prvi put sam je videla tako srećnu. Ne mogu da se ponašam kao da se to lice nikad nije tako srećno nasmejalo. Ne mogu da je ponovo razočaram. Moram da se vratim u sadašnjost i u *Takakuru*. Čak i ako je Kumi mrtva, ja sam joj to obećala dok je bila živa. Moram da opravdam taj trenutak sreće."

Hiraj je uzela šoljicu, ali…

„Želim da još jednom pogledam Kumi u oči." Imala je dilemu.

Ali ako bi još sačekala, to bi značilo da se ne može vratiti nazad, i Hiraj je to dobro znala. Ipak, rastojanje između šoljice i njenih usana nije se smanjivalo.

Klak.

U daljini su se otvorila vrata od toaleta. Čim je čula taj zvuk, Hiraj je poslušala svoj instinkt i popila kafu: nije smela da dozvoli duže oklevanje.

Ostavivši po strani svako racionalno prosuđivanje, osećala je da njeno srce postupa impulsivno. Nakon ispijanja kafe, ponovo je osetila vrtoglavicu i učinilo joj se da se meša sa dimom koji ju je sada celu obavijao. Pomirila se sa činjenicom da je više nikad neće videti, kad se Kumi vratila iz toaleta.

„Kumi!“

Usred dima koji je kuljao, Hirajina svest je delom ostala u prošlosti.

„Hej, sekana, gde si?“ Kumi se vratila, ali izgleda da je više nije videla. Gledala je zaprepašćeno u *onu* stolicu na kojoj je do malopre sedela Hiraj.

„Kumi!“

Hirajine reči nisu dopirale do nje.

Iščezavajuća Kumi pogledala je Kej, koja je okrenutih leđa stajala u šanku.

„Izvini, znaš li možda gde je otišla moja sestra?“, pitala ju je Kumi.

Kej se okrenula i nasmešila joj se. „Morala je brzo da ode…“

Kumi je bila tužna: tek što je pronašla sestru, a ona je već otišla. Rekla je da će se vratiti kući, bila je divna, ali su bile prekratko zajedno. Nije joj bio stran taj osećaj razočaranja. Sručila se na stolicu uz uzdah.

„Nemoj da brineš!", uveravala ju je Kej videvši njenu reakciju. „Tvoja sestra je rekla da će održati svoje obećanje", dodala je namigujući u pravcu mesta sa koga je Hiraj, sad već skroz pretvorena u dim, posmatrala šta se dešava.

„Kej, ti si moj spasilac! Hvala ti!"

Hiraj je briznula u plač, ganuta Kejinom podrškom.

Kumi je ustala i za trenutak samo ćutala. „Zaista?", upitala je, dok joj se licem razvlačio široki osmeh. „Super, odlično! Onda sad mogu da se vratim kući." Učtivo se naklonila i sva srećna krenula ka izlazu.

„*Kumiiii!*"

Hiraj je sve propratila iza tanke dimne zavese.

Kumi se nasmešila kada je čula da će njena sestra ispuniti svoje obećanje.

Oko Hiraj se sve odigravalo kao film u *tajmlapsu*, dok je ona za to vreme plakala. Plakala je, plakala i plakala…

Žena u beloj haljini se vratila iz toaleta i stajala je pored nje. Tu su bili i Kazu, Nagare, Kotake i Kej.

Žena u beloj haljini se nije obazirala na to što je Hiraj otekla od plakanja. „Ustani!“, grubo joj je naredila.

„U redu“, odgovorila je Hiraj ustajući sa *one* stolice.

Žena u belom ponovo je sela na svoju stolicu, pomerila u stranu šoljicu iz koje je pila Hiraj i nastavila da čita svoju knjigu kao da se ništa nije dogodilo.

Hiraj je bezuspešno pokušavala da obriše lice od suza i na kraju je duboko uzdahnula. „Nisam baš tako sigurna da će me dočekati širom otvorenih ruku. A sa poslom ne znam ni odakle da počnem…“, prošaputala je gledajući u Kumino pismo, koje je i dalje čvrsto držala u rukama. „Ako se sad vratim… to neće biti problem, zar ne?“

Delovalo je kao da Hiraj namerava baš tog istog dana da se vrati u *Takakuru*, ostavljajući kafić i sve ostalo. Želela je da ode, i to je bilo to. Bilo je tipično za Hiraj da tako, bez mnogo razmišljanja, donese odluku. Nije bilo potrebe za tim: bila je već ubeđena i na njenom licu nije bilo ni tračka premišljanja.

Kej joj je odobravajući klimnula.

„Sigurna sam da će sve biti u redu“, odgovorila je veselim glasom. Nije je pitala šta se desilo u prošlosti, nije bilo ni potrebno. Hiraj je izvadila trista osamdeset jena iz torbice kako bi platila kafu, pružila ih Kej i poletno otišla iz kafića.

Ding-dong

Kej je izašla iz šanka kako bi je ispratila pogledom i prošaputala nežno prelazeći rukom preko svog stomaka: „Bilo je divno…“

Stavljajući novac u kasu, Nagare je svečano posmatrao Kej dok je tako mazila svoj stomak.

„Ko zna da li će odustati?“

Nagare je stajao ravnodušno dok je eho zvona odzvanjao lokalom.

Din… dong…

4.

MAJKA I ĆERKA

Kada se koristi u haiku poeziji, cvrčak *higuraši* je reč povezana sa jesenjim periodom godine. Pominjanje higurašija uvek evocira zvuk cvrčanja pred kraj leta, međutim, njegov zvuk se može čuti već od prvih letnjih dana. Ipak, iz nekog čudnog razloga, dok cvrčanje cvrčka *abura* i cvrčka *min-min* asocira na žarko sunce, na leto u punom jeku i vrele dane, pesma higurašija asocira na večeri krajem leta. Kada sunce zađe i spusti se sumrak, *kri-kri* zvuk higurašija izaziva neko melanholično osećanje zbog kog čoveku dođe da požuri da se vrati kući.

U gradu se higuraši ne čuje često, možda zato što – za razliku od cvrčka abura i cvrčka min-min – obično radije bira senovita mesta, pod krošnjama olistalih grana i u senci šume čempresa. Ipak u okolini kafića živeo je jedan usamljeni cvrčak higuraši. Kada bi sunce počelo da zalazi, njegova *kri-kri* pesma najedanput bi se začula niotkuda, kratkotrajna i lagana. Ponekad bi se, ako se obrati pažnja, čula čak i u kafiću, u podrumu.

Bilo je jedno od tih avgustovskih popodneva. Napolju je cvrčak abura glasno cvrkutao svoje *kri-kri-kri*. Vremenska prognoza predviđala je najtopliji dan u godini, ali je unutar kafića bilo prijatno sveže, bez potrebe za klima-uređajem. Kazu je naglas čitala imejl koji je Hiraj poslala Nagareu.

Prošle su već dve nedelje otkako sam se vratila u Takakuru.
Toliko je stvari koje treba da naučim da mi dođe da plačem.
Ovde je preteško.

„Ah, sirotica, bori se...“

Zajedno sa Kazu bili su tu i Kotake i Nagare. Kako Kazu i Kej nisu imale mobilne telefone, svi imejlovi su stizali na Nagareovu adresu. Kazu ga nije imala jer se nije dobro snalazila kad se radilo o međuljudskim odnosima i smatrala je telefon i ostala sredstva komunikacije najgorim i beskorisnim mučenjem. Kej je od telefona odustala na dan svog venčanja: „Jedan mobilni telefon je više nego dovoljan za bračni par“, izjavila je. Međutim, Hiraj je imala čak tri telefona, svaki sa drugačijom namenom: za goste, prijatelje i rodbinu. Na telefonu za porodicu upisala je samo broj kuće svojih roditelja i broj svoje sestre Kumi. Iako to niko nije znao, sada je dodala još dva broja u svoj imenik, broj kafića i Nagareov broj. Kazu je nastavila da čita:

Što se tiče mojih, još se pomalo oseća hladnoća, ali sam sigurna da sam donela pravu odluku.

Uvek mislim da, ako je Kumina smrt donela samo tugu meni i mojim roditeljima, onda će ovo biti njeno jedino zaveštanje.

Zbog toga želim da živim život koji će posvedočiti o najlepšem mogućem njenom zaveštanju. Niste očekivali da mogu da budem tako ozbiljna, zar ne?

Zato hajde da kažemo da sam srećna i da sam dobro. Dođite mi u posetu ako možete, zaista bi mi bilo drago. Iako je za ovu godinu već prekasno, toplo vam preporučujem festival Tanabata.

Srdačan pozdrav svima,
Hiraj

Nagare je slušao prekrštenih ruku, stojeći na pragu kuhinje, i zažmirio je jače nego obično. To je verovatno bio njegov način da se osmehne, ali to nikad nije bilo lako razumeti.

„Oh, zar nije divno?“, uzviknula je Kotake, sa blaženim osmehom na licu. Mora da je bila na pauzi između smena jer je još uvek na sebi imala bolničarsku uniformu. „Hej, pogledajte sliku!“, rekla je Kazu pokazujući Kotake prilog imejla. Kotake je uzela mobilni telefon i pogledala izbliza.

„Vau, kako dobro izgleda!“, uzviknula je pomalo iznenađeno.

„Jelda?“, rekla je i osmehnula se Kazu.

Na slici je Hiraj stajala ispred hotela. Kosa joj je bila pokupljena u punđu i nosila je roze kimono, kako bi pokazala svoj status vlasnice Takakure.

„Deluje srećno.“

„Da, baš tako.“

Hiraj je bila nasmejana, kao da nije imala ni jednu jedinu brigu na svetu. U imejlu je pisala da joj je odnos sa roditeljima još uvek zategnut, ali su pored nje stajali oboje, otac Jasuo i majka Mičiko.

„I Kumi će biti…“, prošaputao je Nagare, vireći u sliku otpozadi.

„I ja isto mislim!“, složila se Kotake gledajući u sliku. Čak je i Kazu pored nje klimnula u znak slaganja. Nije više imala onaj hladni stav, kao obavezni deo ceremonije povratka u prošlost. Izraz njenog lica bio je mio i nežan.

„Nego“, započela je Kotake vraćajući telefon Kazu. Okrenula se i iznenađeno pogledala ka ženi u beloj haljini, koja je sedela na svom uobičajenom mestu. „Šta ona tamo radi?“

Pitanje se nije odnosilo na ženu u beloj haljini, očigledno, već na Fumiko Kijokavu, koja je sedela preko puta nje. Ista ona Fumiko koja je putovala kroz vreme tog proleća. Inače oličenje poslovne žene, mora da je imala slobodan dan, jer je nosila crnu majicu tri-četvrt rukava i bele helanke. Na nogama je imala ravne pletene sandale.

Fumiko nije pokazala ni najmanje interesovanja za Hirajin imejl, već je samo posmatrala lice žene u beloj haljini. Međutim, njene namere su i dalje bile misterija i za Kazu.

„I ja se pitam isto“, bilo je, zapravo, jedino što je mogla da kaže.

Od poslednjeg proleća, Fumiko bi s vremena na vreme svratila u kafić, i svaki put bi sedala preko puta žene u beloj haljini.

Odjednom, Fumiko je pogledala Kazu. „Hej, izvini“, rekla je.

„Da?“

„Postoji jedna stvar koja me proganja.“

„O čemu se radi?“

„Cela ta priča o putovanju kroz vreme... Može li da se putuje i u budućnost?“

„U budućnost?“

„Da, u budućnost.“

Fumikoino pitanje je zaintrigiralo i Kotake.

„Tačno, i ja bih baš to želela da znam!“

„Upravo tako!“, složila se Fumiko. „Vratiti se u prošlost ili otići u budućnost, sve ukazuje na to da je moguće putovati kroz vreme, zato pretpostavljam da je moguće, zar ne?“, nastavila je Fumiko.

Kotake je ubeđeno klimala.

„Dakle, može li?“, bila je uporna Fumiko, sva ustreptala.

„Da, naravno da se može putovati i u budućnost“, hladno je odgovorila Kazu.

„Stvarno?“, upitala je Fumiko na ivici uzbuđenja, nehotice udarivši u sto i tako prosuvši malo kafe iz šoljice žene u belom. Žena ju je ošinula pogledom, a Fumiko je požurila da što pre obriše kafu salvetom. Poslednja stvar koja joj je trebala bilo je prokletstvo.

„Vau!“, uzviknula je Kotake.

Kazu je posmatrala njihove reakcije, a onda ledeno odgovorila: „Ali tamo niko nikad ne ide.“

„Kako?“, zbunjeno je upitala Fumiko. „I zašto?“, dodala je i prišla Kazu. Sigurno nije bila jedina koju je zanimalo putovanje u budućnost, na to je ciljala. Čak je i Kotake razrogačenih očiju gledala Kazu, znatiželjna da sazna kako je moguće da takva vrsta putovanja izaziva tako malo interesovanja. Kazu je usmerila pogled ka Nagareu, a potom se ponovo okrenula ka Fumiko.

„Hm, morate da znate… Ako želite da odete u budućnost, koliko godina unapred želite da odete?“

Iako je izgledalo da je pitanje došlo niotkuda, delovalo je kao da ga je Fumiko već uzela u razmatranje.

„Tri godine!“, u trenu je odgovorila, kao da je zapravo i očekivala to pitanje. Potom je pocrvenela.

„Želiš da vidiš svog dečka, zar ne?“, upitala ju je Kazu vidno ravnodušno.

„Pa šta i ako hoću?“, odgovorila je Fumiko stegnuvši vilicu kao da želi da se odbrani, ali je samo još više pocrvenela.

„Ne treba da se stidiš…“, rekao je Nagare umešavši se u razgovor.

„Ma kakva sramota!" Ali Nagare je pogodio u centar i sa Kotake razmenio saučesnički pogled.

Kazu nije bila raspoložena za šalu i posmatrala je Fumiko svojim uobičajenim hladnim pogledom. Fumiko se osećala pomalo neprijatno dok ju je tako streljala.

„Znači ne može?", jedva je uspela da izusti.

„Ne, da se može, može se… Nije da ne može", nastavljala je Kazu ravnim tonom.

„Ali?"

„Kako možeš da znaš da će on za tri godine ući u naš kafić?"

Delovalo je kao da Fumiko ne shvata poentu njenog pitanja.

„Ne shvataš?", pitala ju je Kazu skoro ispitivačkim tonom.

„Oh!", uzviknula je Fumiko, naposletku shvativši o čemu se radi. Čak i da ode tri godine unapred, kako će moći da zna da će baš tog dana Goro doći u kafić.

„To je kritični deo. Ono što se desilo u prošlosti znamo: možeš da odabereš tačno određeni trenutak iz prošlosti i da se vratiš tamo. Ali…"

„… budućnost je potpuna misterija!", nastavila je Kotake, pljesnuvši rukama kao da učestvuje u nekom televizijskom kvizu.

„Tačno je da možeš da odeš u određeni dan koji želiš, ali nema načina da znaš da li će osoba koju želiš da sretneš tada proći ovuda."

Sudeći po Kazuinom ravnodušnom izrazu lica, mnogo gostiju je već ranije, pre nje, imalo istu tu dilemu.

„Zbog toga, osim ako ne računaš na neko čudo, ako odrediš određeni dan u budućnosti i tamo odeš – čak i u tom slučaju samo dok je kafa topla – mogućnosti da ćeš sresti osobu koju želiš veoma su male“, dodao je Nagare glasom nekoga ko je umoran od ponavljanja procedure.

Na kraju je zažmirio i pogledao Fumiko kao da je pita: „Jesi li razumela šta sam rekao?“

„Zbog toga bi to bilo samo gubljenje vremena?“, odsutno je promrmljala Fumiko.

„Tačno.“

„Jasno...“

Imajući u vidu očigledno površnu prirodu njenih razloga, možda je Fumiko trebalo da bude neprijatnije. Umesto toga, bila je toliko pometena mučnom rigidnošću pravila kafića da joj nije palo na pamet da postavi još neko pitanje.

Nije ništa rekla, ali je pomislila: „Kad se vratiš u prošlost, ne možeš da menjaš budućnost. Odlazak u budućnost je beskoristan. Divota jedna! Sada razumem zašto je onaj članak opisao putovanje kroz vreme beskorisnim.“

Ali neće se tako lako izvući. Nagare je zažmirio i, sve znatiželjniji, čikao je: „Šta si htela da uradiš? Da proveriš da li si se udala?“

„Ne, ništa ni slično tome!“

„Ah, tačno sam znao!“

„Ne, rekla sam ti da se nije reč o tome!“

Što je više poricala, više se odavala. Ali, na njenu žalost, svakako nije mogla da putuje u budućnost. Postojalo je još jedno pravilo, još iritantnije, koje joj je to onemogućavalo: *Ko je već jedanput sedeo na onoj stolici kako bi putovao kroz vreme, ne može ponovo to da uradi.*

Svaka osoba dobijala je samo jednu jedinu priliku.

„Ali možda je bolje da Fumiko ne sazna", pomislila je Kazu, dok je posmatrala Fumiko kako razgovara. I ne iz obzira prema njoj, već što bi sigurno odmah pitala za razlog postojanja takvog pravila. „I nemam ni najmanje volje da polemišem o tome", Kazu je jednostavno pomislila.

Ding-dong

„Dobar dan, dobro došao!"

Bio je to Fusagi. Nosio je plavu polo majicu i bež bermude, japanke na nogama i torbu na ramenu. Bio je to najtopliji dan u godini. U ruci nije imao maramicu, već belu salvetu kojom je brisao znoj.

„Fusagi!", povikao je Nagare, dodatno ponovivši uobičajeni pozdrav *dobro došao*.

U prvi mah, Fusagi je delovao zbunjeno, a potom se blago naklonio i otišao da sedne na svoje staro mesto, za sto najbliži ulazu. Kotake je, s rukama na leđima, odmah prišla.

„Ćao, dragi!", rekla mu je uz osmeh. Više ga nije zvala Fusagi, kao što je to činila nekada.

„Izvinite, da li se znamo?"

„Ja sam tvoja žena, dušo."

„Žena… Moja žena?"

„Da."

„Ovo je šala, zar ne?"

„Ne, stvarno sam tvoja žena."

To je rekla i bez oklevanja sela na stolicu preko puta njega. Ne znajući kako da se ponaša pred ovom neznankom koja se tako opušteno ponaša, Fusagi je izgledao prilično zabrinuto.

„Ovaj, radije bih da niste tako slobodni da sednete za moj sto."

„Oh, nema problema ako sedim ovde sa tobom… Ja sam tvoja žena."

„Vidite, meni jeste problem…. Znate, ja vas ne poznajem."

„U redu, onda treba da se upoznamo. Počnimo odmah."

„Može li se znati na šta tačno ciljate?"

„Šta kažeš na ponudu za brak?"

Dok se njemu vilica razjapila od iznenađenja, ona je nastavljala da ga gleda, sva nasmejana. Vidno potresen, Fusagi je potražio podršku od Kazu, koja je prišla da mu posluži čašu vode.

„Ovaj, izvinite, da li biste mi pomogli sa ovom gospođom?"

Na prvi pogled, moglo se reći da je reč o dobro raspoloženom paru, ali zagledavši se malo bolje u Fusagija, videlo se da mu je veoma neprijatno.

„Danas mi deluje pomalo uznemireno…“, prokomentarisala je Kazu nudeći mu podršku osmehom.

„Misliš?“, reče Kotake. „Pa, u redu…“

„Zar ne bi bilo bolje da se to odloži za sutra?“, vikao je Nagare iz šanka, nudeći sa svoje strane dodatnu pomoć.

Između ovo dvoje razgovori tog tipa bili su svakodnevno na dnevnom redu. Ponekad, kada bi Kotake rekla Fusagiju da je ona njegova žena, on bi odbijao da poveruje. Dok bi, ko zna zašto, drugih dana bivalo drugačije. Na primer, samo pre dva dana ona je sela pred njega i imali su veoma prijatan razgovor.

U sličnim slučajevima, obično su pričali o svojim uspomenama sa putovanja. Fusagi je obožavao da joj priča gde je sve bio i šta je sve posetio. Ona bi ga gledala sa osmehom i govorila: „Oh, i ja sam tamo bila“, i onda bi živo razgovarali.

Kotake se to već bilo osladilo.

„Da, možda si u pravu. Pokušaću ponovo da započnem razgovor kad se budemo vratili kući“, rekla je odlazeći da sedne za šank, prihvatajući trenutnu situaciju.

„Ali deluje mi da si zadovoljna kako se odvijaju stvari, zar ne?“, primetio je Nagare.

„O, da, verujem da je tako.“

Bez obzira na rezak vazduh koji je carovao u kafiću, Fusagi je nastavljao da briše kapljice znoja sa čela.

„Kafu, molim“, naručio je, uzimajući časopis o putovanjima iz torbe i otvarajući ga na stočiću.

„Odmah“, odgovorila mu je Kazu s osmehom na licu dok je nestajala u kuhinji. Fumiko je nastavila da posmatra ženu u beloj haljini. Kotake se nagnula napred, pesnica oslonjenih o obraze i pogleda prikovanog za Fusagija, koji je čitao svoj časopis ne obazirući se ni na šta drugo. Dok ih je posmatrao, Nagare je počeo da melje kafu koristeći mlin starog kova. Žena u beloj haljini je kao i uvek nepokolebljivo čitala svoj roman. Kada se miris sveže samlevene kafe raširio lokalom, Kej se pojavila iz stražnje prostorije. Čim ju je ugledao, Nagare je zastao.

„Pobogu!“, uzviknula je Kotake videvši prebledelu Kej.

Bila je prebleda, skoro plavičasta, i hodala je kao da će se onesvestiti.

„Jesi li dobro?“, pitao ju je Nagare odsečno, vidno uznemiren: delovalo je kao da su i njemu isisali svu krv iz lica.

„Draga *sis*, možda danas treba da se odmoriš!“, povikala joj je Kazu iz kuhinje.

„Ne, sve je u redu, hvala“, odgovorila je Kej, praveći se da je dobro. Ali se toliko loše osećala da nije bilo načina da to sakrije.

„Danas ne izgledaš baš dobro“, prokomentarisala je Kotake, ustajući sa barske stolice kako bi bolje procenila Kejino stanje. „Trebalo bi da se odmoriš, zar ne misliš tako?“

„Ne, stvarno sam dobro“, uzvratila je Kej, podigavši dva prsta u obliku slova V.

Ali se videlo da to nije tačno.

Kej je od rođenja imala slabo srce. S obzirom na to da su joj lekari sugerisali da ne preteruje sa sportom, tokom školskih dana nikada nije mogla da učestvuje u sportskim danima; pa ipak, bila je po prirodi veoma druželjubiva osoba i slobodnog duha, pravi-pravcati stručnjak za uživanje u životu. Bila je, kako je to uvek govorila Hiraj, *nadarena umećem da živi srećno*.

„Ako ne smem baš toliko da se bavim sportom, u redu… onda to znači da se neću toliko baviti sportom." Tako je gledala na stvari.

Ali čak i kad je sedela i posmatrala takmičenja u trčanju, tokom sportskih dana, zamolila bi nekog dečka da je gura u invalidskim kolicima. Naravno, nikad nisu imali šanse da pobede, ali su se uvek maksimalno trudili i izgledali iskreno razočarani kad bi na kraju izgubili. Tokom časova plesa, njeni su pokreti bili prespori, prava suprotnost od onoga kako su druge devojčice plesale. Naravno, ta njena upornost da radi stvari drugačije od drugih izazvala bi negodovanje onih koji nisu voleli kad se neko ponaša drugačije, ali to se Kej nikad nije desilo. Ona je uvek bila prijatelj sa svima, tako je delovala na ljude. Pa ipak, uprkos njenoj snazi volje i karaktera, povremeno bi Kejino srce davalo znake pogoršanja. Iako ne na duge periode, morala je da izostaje iz škole da bi se oporavila. I upravo je u bolnici i upoznala Nagarea.

Ona je imala sedamnaest godina i išla je u drugi razred gimnazije, ali u bolnici je bila prikovana za krevet i njena jedina razonoda bili su razgovori sa posetiocima i bolničarkama koji su ulazili u njenu sobu. Volela je i da kroz prozor posmatra šta se dešava napolju, i jednog dana se desilo da je u dvorištu bolnice ugledala čoveka u zavojima od glave do pete.

Nije mogla da skine pogled s njega: ne samo što je bio skroz zavijen u zavoje već je bio i najogromniji od svih ljudi koje je do tada videla u životu. Kada bi neka devojka prošla pored njega, izgledala bi kao minijatura u poređenju s njim. Iako nije bilo baš pristojno, Kej ga je nazvala *čovek mumija*, i mogla je po čitav dan da ga posmatra i da joj ne dosadi.

Jedna bolničarka joj je ispričala da je čovek mumija bio u bolnici zbog automobilske nesreće koju je doživeo. Prelazio je ulicu na raskrsnici baš u trenutku kada se jedan auto zakucao u kamion pred njegovim očima. Na svu sreću, uspeo je na vreme da se zaustavi, ali ga je bočna strana kamiona odbacila dvadeset metara daleko, kroz izlog jedne radnje. Sam sudar nije bio toliko strašan i putnici u automobilu su ostali nepovređeni, ali je kamion završio na trotoaru i prevrnuo se. Na sreću, ostali prolaznici nisu povređeni. Da se to isto dogodilo nekome prosečne građe, verovatno bi ostao mrtav na licu mesta, međutim, ova grdosija je ustala kao da se ništa nije desilo, iako je očigledno bila u lokvi krvi. Bez obzira na njegovo stanje, odvukao se do kabine kamiona da proveri situaciju. Iz rezervoara je curio benzin, a vozač je bio u nesvesti. Tada ga je grdosija izvukao iz kamiona i, prebacivši ga preko ramena, doviknuo nekome od znatiželjnika da zove hitnu pomoć. Kada je pomoć stigla, u kola hitne pomoći su ubacili i njega. Izgubio je mnogo krvi zbog povreda, ali nije ništa slomio.

Nakon što je čula priču o čoveku mumiji, Kej se još više zainteresovala. I za kratko vreme se do ušiju zaljubila u njega. Bila je to njena prva ljubav. Jednog dana je odlučila da ode da ga upozna. Kada ga je videla pred sobom, učinio joj se još ogromnijim nego što je očekivala. Imala je osećaj kao da je ispred nje zid. „Mislim da si ti čovek za koga želim da se udam“, izjavila mu je bez previše uvijanja. Rekla mu je to jasno i glasno, štaviše, bile su to njene prve reči koje mu je uputila.

Čovek mumija ju je za trenutak samo bez reči gledao, potom joj je dao vrlo praktičan odgovor, i to uopšte nije bilo odbijanje.

„Ako prihvatim, moraćeš da radiš u kafiću.“

Tako je njihovo trogodišnje zabavljanje počelo tog dana, a kada je Kej napunila dvadeset, a Nagare dvadeset i tri godine, zvanično su se potpisali u registar i postali muž i žena.

Kej je otišla u šank i počela da briše tanjire, kao što je uvek radila, dok se iz kuhinje čulo grgoljenje kafe iz sifona. Kotake je nastavila da zabrinuto posmatra Kej, ali je Kazu ušla u kuhinju, a Nagare je nastavio da melje zrna kafe. Iz nekog razloga, koji je svima bio nepoznat, žena u beloj haljini je netremice gledala Kej.

„Oh!“, uzviknula je Kotake trenutak pre nego što se čula buka slomljenog stakla.

Kej je ispala čaša iz ruke.

„*Sis*, jesi li dobro?“, obično smirena i hladna, Kazu je usplahireno dotrčala iz kuhinje.

„Žao mi je“, rekla je Kej, spustivši se na kolena kako bi pokupila polomljene deliće sa zemlje.

„Neka, *sis*, ja ću to“, rekla joj je Kazu pomogavši joj da ustane.

Nagare ju je gledao ne progovarajući.

Bio je to prvi put da je Kotake videla Kej u tako kritičnom stanju. Bila je bolničarka i navikla je da radi sa bolesnicima, ali je prebledela videvši svoju prijateljicu da tako pati.

„Kej, dušo“, promucala je.

„Jesi li dobro?“, prošaputala je Fumiko.

Očigledno je i Fusagi primetio komešanje, pa je i on podigao glavu.

„Žao mi je.“

„Ako mene pitate, Kej treba da ide u bolnicu“, predložila je Kotake.

„Ne, sad će to da prođe, stvarno.“

„Ozbiljno, po mom mišljenju…“

Kej je tvrdoglavo vrtela glavom, ali je sa svakim dahom sve teže disala. Možda je bilo gore nego što je mislila.

Nagare je ćutao i samo mrko posmatrao svoju ženu.

Kej je duboko uzdahnula. „Možda treba da legnem u krevet“, rekla je otišavši u prostoriju pozadi. Iz Nagareovog pogleda zaključila je da je zabrinut za nju.

„Kazu, molim te, ti se pobrini za kafu“, rekao je Nagare prateći Kej.

„Ma naravno“, odgovorila je Kazu skamenjena, kao da je mislila na nešto sasvim drugo.

„Još kafe, molim.“

„Ah, da… izvinite!“

Primetivši raspoloženje koje je vladalo, Fusagi je morao da se ugrize za jezik i sačeka svoj red da naruči. Njegova molba je Kazu vratila u stvarnost. Zabrinutost za Kej ju je skroz omela i potpuno je zaboravila na Fusagijevu kafu.

Na kraju dana, turobno raspoloženje lebdelo je nad lokalom.

Otkad je zatrudnela, Kej bi pričala sa bebom kad god bi mogla. U četvrtoj nedelji bilo je malo prerano da ga zove detetom, ali je to nije obeshrabrilo. Ujutru bi počela jednim lepim *dobro jutro*, pa bi nastavljala pričajući o stvarima planiranim za taj dan, dok bi Nagarea zvala *tata*. Ti zamišljeni razgovori sa njenim detetom bili su njeni omiljeni delovi dana.

„Vidiš ga? To je tvoj tata.“

„Moj otac?“

„Da!“

„Ali on je ogroman!“

„Da, ali nema samo veliko telo već i veliko srce. On je jedan vrlo brižan i nežan tata.“

„Kako je to lepo, jedva čekam!“

„I mama i tata jedva čekaju da vide tebe, dušo moja!"

Eto tako su tekli ti razgovori, u kojima je – očigledno – Kej pričala za obe strane. Ali tužna stvarnost bila je ta da se Kejino zdravlje pogoršavalo kako je trudnoća napredovala. Nakon pet nedelja, u materici se formira kesica sa embrionom, veličine milimetar ili dva. Od tog trenutka pa nadalje čuje se kucanje bebinog srca i organi počinju brzo da se formiraju: razvijaju se oči, uši i usta; formira se stomak, creva, pluća, pankreas, moždani nervi i aorta, dok ruke i noge počinju da se pomaljaju. Sve to brzo fetalno kretanje pogoršavalo je Kejino fizičko stanje.

Često bi joj se dešavali snažni naleti vreline kao da ima groznicu, dok se zbog hormona, koji su se stvarali radi kreiranja placente, osećala letargično, što je prouzrokovalo da je uhvati iznenadna pospanost. Trudnoća je uticala čak i na njeno raspoloženje, smenjujući se od jednog do drugog ekstrema. Anksiozni periodi, kratki naleti besa, a onda depresija. Pored toga, određena hrana imala joj je drugačiji ukus nego obično.

Pa ipak, i pored svega toga, nikada se nije žalila. Naviknuta još od malena da ide često u bolnicu, nikad se nije žalila na svoje smetnje.

Ali poslednjih četrdeset i osam sati njeno zdravstveno stanje se pogoršalo. Pre dva dana Nagare je uspeo da u četiri oka priča sa njenim lekarom, kako bi ga u poverenju pitao za mišljenje.

„Iskreno, nisam siguran da će srce vaše žene moći da iznese trudnoću. Jutarnje mučnine počinju od šeste nedelje i ako budu prejake, moraćemo da je zadržimo u bolnici. Ako odluči da zadrži dete, mora da zna da su šanse da oboje prežive veoma male. Čak i ako sve prođe dobro na porođaju, na majčino telo će se to veoma teško odraziti. Vaša žena mora da zna da će se njena šanse da preživi drastično smanjiti."

„Obično se", nastavio je doktor, „prekid trudnoće obavlja između šeste i dvanaeste nedelje. U slučaju vaše žene, treba što pre reagovati, ukoliko odluči da prekine trudnoću..."

Vrativši se kući, Nagare joj je sve ispričao, a Kej je samo klimnula i rekla: „Znam to".

Nakon što je zatvorio kafić, Nagare je seo za šank sam, ostavivši upaljene samo lampe na zidovima. Ne bi li skrenuo misli, počeo je da pravi ždralove od papirnih ubrusa i na šanku već poređao čitav red malenih životinja. Jedini zvuk koji se čuo bili su otkucaji kazaljki satova na zidu. Jedina stvar koja se pomerala bile su Nagareove ruke.

Ding-dong

Zvono je zazvonilo, ali Nagare nije uopšte odreagovao, samo je poslednjeg napravljenog ždrala pridružio ostalima. Kotake je svratila posle posla jer je bila zabrinuta za Kej.

Nagare nije skidao pogled sa svojih ždralova i jedva da joj je klimnuo.

Kotake je stajala na pragu. „Kako je Kej?“, upitala ga je. Skoro odmah je shvatio da je trudna, ali nije ni pomislio da će se njeno stanje tako brzo pogoršati. Izgledao je podjednako zabrinut kao i pre nekoliko sati.

Za trenutak, Nagare joj nije ništa odgovorio. Uzeo je novi ubrus i počeo da ga savija.

„Onako“, naposletku je rekao.

Kotake je sela za šank ostavivši između njih jednu praznu barsku stolicu.

Nagare je počešao vrh nosa. „Žao mi je što smo vas zabrinuli“, rekao je pognuvši glavu, kao u znak izvinjenja.

„Oh, da ti nije palo na pamet da tako razmišljaš... Nego, zar ne bi trebalo da ide u bolnicu?“

„Rekao sam joj to, ali me ne sluša.“

„Da, ali ipak.“

Nagare je prestao da pravi ždrala i pogledao Kotake.

„Ja sam bio protiv da se trudnoća održi“, jedva je prošaputao. Da kafić nije bio tako mali i tih, Kotake ga nikad ne bi ni čula. „Ali ne postoji način da joj promenim mišljenje“, završio je gledajući Kotake sa blagim osmehom, pre nego što je spustio pogled.

Rekao je Kej da je on „protiv“ održavanja trudnoće, ali nikad ne bi rekao ništa više od toga. Nije mogao da kaže ni „abortiraj“, ni

„nemoj da abortiraš": za njega je doslovno bilo nemoguće da bira između Kej i deteta.

Kotake nije znala šta da kaže pa je pogledala u ventilator na plafonu koji se sporo okretao.

„Teško je", složila se.

Kazu se pojavila iz prostorije pozadi.

„Kazu...", prošaputala je Kotake.

Ali Kazu se u trenutku okrenula prema Nagareu. Umesto njenog uobičajeno nedokučivog pogleda, na njenom licu se ocrtavala tuga i obeshrabrenost.

„Kako je?", pitao ju je Nagare.

Kazu se osvrnula preko ramena. Nagare je ispratio njen pogled i video da Kej polako dolazi. I dalje je bila veoma bleda i jedva je hodala, ali je izgledala smirenije. Otišla je u šank, preko puta Nagarea, i pogledala ga. Ali on nije podigao pogled i nastavio je da posmatra male ždralove poređane u liniju pred njegovim očima. Kako niko od njih dvoje nije progovarao, tišina između njih postajala je sve neprijatnija. Kotake nije mogla da se pomeri.

Kazu je otišla u kuhinju da spremi kafu. Stavila je filter u kafetijeru i nasula vruću vodu iz aparata za prokuvavanje. U svoj toj tišini, nisu ni morali da je gledaju, već su mogli da pretpostave šta radi. Ubrzo je voda počela da ključa i začulo se grgoljenje. Nakon nekoliko minuta, kafićem se raširila aroma tek skuvane kafe. Gotovo probuđen tim mirisom, Nagare je podigao pogled.

„Žao mi je, Nagare", prošaputala je Kej.

„Zbog čega?“, upitao je Nagare, nastavivši da posmatra ždralove.

„Idem sutra u bolnicu.“

„…“

„Sigurno će me zadržati“, nastavila je izgovarajući svaku reč kao da pokušava da se pomiri sama sa sobom. „Iskreno govoreći, mislim da se više neću vratiti kući. To je odluka koju nisam uspela da donesem…“

„Razumem“, odgovorio je Nagare snažno stežući pesnice.

Kej je podigla bradu i pogledala uprazno svojim krupnim okruglim očima. „Ali plašim se da neću moći dugo ovako“, priznala je obraza mokrih od suza.

Nagare je samo slušao u tišini.

„Moje telo ne može više da izdrži…“

Kej je stavila ruke na stomak koji još uvek nije porastao ni centimetar. „Izgleda da će mi donošenje ovog deteta na svet odneti sve ostalo …“, rekla je uz osmeh. Kad je u pitanju njeno telo, ona je znala najbolje od svih.

„Zbog toga…“

Nagare ju je pogledao zažmirivši. „U redu“, bilo je sve što je uspeo da kaže. „Kej, dušo…“

Bio je to prvi put da Kotake vidi Kej tako očajnu. Kao bolničarka, bio joj je jasan rizik koji je nosila trudnoća sa srcem kao što je njeno. Jutarnje mučnine još nisu počele, a njeno telo je već bilo preslabo. Kad bi odlučila da prekine trudnoću, niko je ne bi kritikovao, ali već je bila odlučila da nastavi.

„Ali muči me jedan veliki strah", priznala je Kej drhtavim glasom. „Ko zna da li će moja beba biti srećna…"

„Maleno mamino će ostati samo? Hoćeš li plakati zbog toga?", pitala ga je, kao što je to uvek radila. „Možda će najviše što budem mogla biti da te donesem na svet, dušo moja. Hoćeš li mi oprostiti?"

Ostala je da osluškuje, ali nije bilo odgovora.

Reka suza slila se niz njeno lice.

„Tako se plašim… užasava me pomisao da neću biti tu za moje dete", priznala je gledajući Nagarea u oči. „Ne znam šta treba da uradim. Želim da moje dete bude srećno. Kako je moguće da tako jednostavna želja izaziva toliki strah?", rekla je dok je plakala.

Nagare nije odgovarao, samo je gledao u ždralove od papira koji su stajali poređani na šanku.

Flap.

Žena u beloj haljini je zatvorila svoj roman. Nije ga završila, a između stranica je virio beli obeleživač sa crvenom tračicom. Čuvši zatvaranje knjige, Kej ju je pogledala. Žena u beloj haljini joj je uzvratila pogled i nastavila da je gleda.

Ne skidajući pogleda s nje, žena u beloj haljini je samo jednom trepnula, a onda iznenada ustala sa stolice. Kao da je time htela nešto da poruči; prošla je iza Nagarea i Kotake i nestala u toaletu, ne potrudivši se čak ni da uvuče stolicu.

Njena stolica, *ona* stolica, sada je bila slobodna.

Kej je počela da se kreće kao da je pokreće neka misteriozna sila. A onda, kad se našla pred *onom* stolicom, stolicom koja je mogla ljude da vraća u prošlost, ostala je da je posmatra.

„Kazu... da li bi mogla da spremiš malo kafe, molim te?", zamolila je slabašnim glasom.

Kazu je provirila iz kuhinje i ugledala je kako stoji pred stolicom. Nije znala šta joj je na pameti.

Nagare se okrenuo i ugledao Kejina leđa. „O, ma daj... Nisi valjda ozbiljna, zar ne?", rekao joj je.

Kazu je primetila da je žena u belom otišla i setila se razgovora od prethodnog dana. Fumiko Kijokava je pitala: „Može li da se putuje i u budućnost?"

Fumikoina želja bila je veoma jednostavna: želela je da sazna da li će se nakon tri godine Goro vratiti iz Amerike i da li će je zaprositi. Kazu joj je rekla da je to moguće, ali da na kraju svi odustanu od toga jer nema nikakvog smisla.

Ali to je bilo upravo ono što je Kej htela da uradi.

„Želim samo da bacim pogled."

„Čekaj trenutak."

„Ako bih mogla bar na minut da vidim, bilo bi mi dovoljno..."

„Želiš li zaista da ideš u budućnost?", upitao ju je Nagare glasom grubljim nego obično.

„Nemam šta drugo da uradim..."

„Ali ne znaš ni da li možeš da ga sretneš..."

„..."

„Kakvog smisla ima ići u budućnost ako ga ne sretneš?“

„Tačno, ali...“

Gledala ga je preklinjućim pogledom.

Ali Nagare je uspeo da izgovori samo jednu reč. „Ne“, rekao je i okrenuo joj leđa ne rekavši više ništa.

Nagare nikad nije odbio nijednu Kejinu želju. Poštovao je njenu hrabru i odlučnu ličnost. Nije joj se čak ni usprotivio kada je odlučila da žrtvuje svoj život kako bi imala dete. Ali ovog puta je rekao ne.

Mislio je da će, ako ode u budućnost i otkrije da deteta nema, unutrašnja snaga koja ju je održavala nestati.

Kej je i dalje stajala pred stolicom, iznemoglo ali odlučno. Nije više mogla da se predomisli. Nije mogla da se povuče.

„Moraš da odlučiš koliko godina unapred želiš da odeš“, odjednom joj je rekla Kazu, gledajući je u oči.

„Kazu!“, zaurlao je Nagare najstrože što je mogao. Ali Kazu ga je ignorisala, i sa svojim ledenim izrazom lica koji je bio njen zaštitni znak, rekla: „Neću zaboraviti. Učiniću sve da možeš da sretneš...“

„Kazu, draga...“

Kazu joj je obećavala da će učiniti sve da njeno dete bude u kafiću tačno tog dana u koji će stići iz prošlosti. „Zbog toga ne treba da brineš“, uveravala ju je.

Kej ju je pogledala u oči i klimnula.

Kazu je imala osećaj da pogoršanje Kejinog stanja poslednjih dana nije samo prouzrokovano fizičkim promenama usled trudnoće već i zbog užasnog stresa zbog čitave situacije. Kej se nije plašila da umre. Briga i tuga poticale su od straha da neće moći da vidi svoje dete kako odrasta. To joj je ležalo na srcu i strašno ga slabilo. I dok je njena snaga nestajala, briga se povećavala. Bolest se hrani negativnošću, može se tako reći. Kazu se plašila da će joj, ukoliko tako nastavi, biti joj sve gore, dovodeći tako u rizik i njen i život njenog deteta.

Jedna iskra optimizma zasijala je u Kejinim očima. „Moći ću da vidim svoje dete."

Bio je to veoma mršavi tračak nade. Kej je ponovo pogledala Nagarea, koji je sedeo za šankom. Pogledi su im se susreli.

Na trenutak je zaćutao, a potom duboko udahnuo i okrenuo se. „Radi šta hoćeš", rekao joj je, okrenuvši joj leđa na barskoj stolici.

„Hvala", odgovorila je gledajući u njegova leđa.

Nakon što se uverila da ima dovoljno prostora da sedne, Kazu je uzela šoljicu iz koje je pila žena u beloj haljini i potom nestala u kuhinji. Kej je duboko udahnula i polako skliznula na stolicu i zažmurila. Kotake je skupila ruke kao da se moli, dok je Nagare u tišini posmatrao papirnate ždralove na šanku.

Bio je to prvi put da je Kej videla kako Kazu odbija poslušnost Nagareu. Van kafića, Kazu nikad nije pričala sa nepoznatima. Išla je u umetničku školu, ali je Kej nikad nije videla u društvu nekoga koga bi mogla nazvati prijateljem. Obično je bila uzdržana. Kada nije bila na fakultetu, pomagala bi u kafiću, a po završetku smene bi se zatvarala u svoju sobu gde nije radila ništa drugo osim crtanja.

Kazuini crteži bili su hiperrealistični. Koristeći jedino olovku, pravila bi umetnička dela koja su delovala kao prave fotografije, ali je uspevala da nacrta samo ono što je mogla uživo da posmatra; njeni crteži nikad nisu predstavljali neki imaginarni, izmišljeni svet. Ljudi ne vide stvari i ne čuju stvari na objektivan način kao što misle. Vizuelne i čulne informacije koje dolaze do mozga oblikuju misli, okolnosti, najluđe fantazije, predrasude, sklonosti, znanje, svest i bezbroj drugih moždanih mehanizama. Skica, muški akt, koju je napravio Pikaso sa svojih devet godina, izuzetno je neobično delo. Slika koju je naslikao sa četrnaest godina, katolička pričest, veoma je realistično delo. Ali potom je, nakon šoka usled samoubistva njegovog najboljeg prijatelja, počeo da slika slike koje su činile takozvani plavi period, a onda je osetio novi plamen i napravio briljantna dela puna boja, ružičastog perioda. Pod uticajem afričkih skulptura, priklonio se kubizmu, pa potom prešao na neoklasični stil, nastavio sa nadrealizmom i na kraju naslikao čuvene slike *Žena koja plače* i *Gernika*.

Posmatrajući ih sve zajedno, ova umetnička dela predstavljaju svet iz Pikasovog ugla, predstavljaju stvarnost kroz njegov filter. Sve do tog momenta, Kazu nikad nije pomislila da izaziva ili utiče na mišljenje ili na ponašanje drugih ljudi, i to zbog toga što njena osećanja nisu bila deo tog filtera preko kog je interreagovala sa svetom. Šta god da se dešavalo, ona je uvek gledala da ne utiče na to, držeći se na sigurnoj udaljenosti. Kazu je jednostavno bila takva, bio je to njen način života.

Tako se ponašala prema drugima. Njena hladnoća u odnosu prema gostima koji su želeli da se vrate u prošlost bila je način na koji je pokazivala da je se ne tiču razlozi zbog kojih oni to putovanje žele. Ali ovog puta je bilo drugačije. Obećala je. Ohrabrivala je Kej da ode u budućnost, i njene reakcije su imale direktan uticaj na Kejinu budućnost. Kej je palo na pamet da je sigurno postojao određen razlog zbog kog se Kazu ponašala tako neuobičajeno, ali se taj razlog nije mogao odmah razumeti.

„*Sis*...“, Kej je otvorila oči čuvši Kazuin glas. Kazu je stajala pored stočića, držeći u rukama srebrni poslužavnik sa belom šoljicom i srebrnim bokalom.

„Jesi li dobro?“

„Da, dobro sam.“

Kej se uspravila u stolici, a Kazu je spustila šoljicu ispred nje ne dodajući ništa drugo.

„Koliko godina?“, prošaputala joj je, nagnuvši glavu u stranu.

Kej se na trenutak zamislila. „Za deset godina, 27. avgusta“, rekla je.

Kazu se nasmešila kada je čula datum.

„U redu“, odgovorila joj je. Na taj dan, 27. avgusta, bio je Kejin rođendan, datum koji Kazu i Nagare nikad ne bi mogli da zaborave. „A vreme?“

„Tri sata po podne“, odmah je odgovorila Kej.

„Za deset godina, 27. avgusta, u tri po podne.“

„Da, molim“, potvrdila je uz osmeh Kej.

Kazu je klimnula i uhvatila ručku srebrnog bokala. „Onda, dogovoreno", zaključila je, ponovo govoreći distanciranim, hladnim tonom.

Kej je pogledala u Nagarea. „Do skorog viđenja", rekla mu je veselim glasom.

On se nije okrenuo. „Da, dobro."

Tokom kratkog razgovora između Kej i Nagarea, Kazu je uzela bokal i držala ga nepomično iznad šoljice.

„Bitno je da popiješ kafu pre nego što se ohladi", prošaputala joj je.

Reči su odzvonile tihim kafićem. Kej je primećivala napetost u prostoriji.

Kazu je počela da sipa kafu. Tanka crna nit počela je da izlazi iz kljuna bokala, polako puneći šoljicu. Kej nije gledala u šoljicu, već u Kazu. Kada je kafa stigla do ivice, Kazu je primetila njen pogled i osmehnula joj se s nežnošću, kao da govori: „Pobrinuću se da možeš da ga sretneš…"

Iz šoljice pune kafe podigao se oblačić vrele pare. Kej je osetila kako joj telo podrhtava, skoro da se pretvorila u oblak. U trenutku je postala lagana kao pero i sve oko nje kao da se pretvorilo u film u *tajmlapsu*.

Obično bi odreagovala tako što bi sve te scene posmatrala blistavim očima devojčice u luna-parku, ali sada je bila toliko neraspoložena da njen um nije uspevao da ceni čak ni jedno takvo neverovatno iskustvo. Nagare je pokušao da se usprotivi, ali ju je

Kazu podržala i sad nije mogla da iščeka da vidi svoje dete. Predavši se osećaju vrtoglavice, setila se svog detinjstva.

Čak je i Kejin otac, Mičinori Macuzava, imao slabo srce. Srušio se za stolom kada je Kej išla u treći razred osnovne škole. Nakon toga, stalno je bio po bolnicama, sve dok, tačno godinu dana kasnije, nije preminuo. Kej je imala devet godina i bila je jedna druželjubiva devojčica, uvek vesela i nasmejana. Pa ipak, bila je i veoma osetljiva i veoma razdražljiva. Smrt oca ju je pogodila na vrlo emotivan način. Tada se prvi put suočila sa smrću i nazivala ju je *mračna kutija*. Jednom kad bi ušao u nju, čovek više nikad ne bi izašao. Njen otac je bio zarobljen tamo unutra, na tom mestu na kome nije bilo nikoga, užasnom i usamljenom. Kada bi mislila na oca, ne bi mogla oka da sklopi. A njen osmeh je dan za danom nestajao.

Reakcija njene majke Tomako na smrt njenog muža bila je potpuno drugačija. Provodila je dane sa osmehom na licu. Zapravo nikad nije ni bila neki veseljak. Ona i Mičinori su, na prvi pogled, bili sasvim običan par, nije bilo ničeg posebno zanimljivog u vezi sa njima. Tomako je plakala na sahrani, ali od tog dana pa nadalje više nije bila tužna, već se, štaviše, smešila više nego pre. Kej nije mogla da shvati zašto se njena majka uvek osmehuje i jednog dana ju je pitala: „Zašto si srećna što je tata umro? Zar nisi tužna?“

Tomako je znala kako Kej zove smrt i odgovorila joj je: „Da tvoj otac može da nas vidi iz one mračne kutije, šta misliš da bi rekao?“

Sa svom ljubavlju na svetu prema svom mužu, Tomako je pokušavala da odgovori na okrutno ćerkino pitanje: *Zašto si srećna?*

„Tvoj otac nije otišao u tu kutiju jer je želeo. Postojao je razlog. Morao je da ode tamo. Ako bi tvoj otac mogao da nas vidi iz njegove kutije i ako bi video da svaki dan plačeš, šta misliš da bi pomislio? Ja mislim da bi bio tužan. Ti znaš koliko te je voleo, zar ne? Zar ne misliš da bi bilo bolno za njega da vidi nesrećni pogled osobe koju je voleo? Dakle, šta kažeš na to da se svakog dana smešiš, tako da i tvoj otac može da se smeši iz svoje kutije? Naši osmesi mu dozvoljavaju da se smeši. Naša sreća dozvoljava tvom ocu da bude srećan u svojoj kutiji.“ Čuvši to objašnjenje, Kejine su se oči ispunile suzama.

Tomako ju je snažno zagrlila i u njenim očima zasijale su suze koje je krila još od dana sahrane. „Ja ću sledeća završiti u kutiji...“, pomislila je.

Kej je sada po prvi put bilo jasno koliko mora da je bilo teško njenom ocu. Srce joj se steglo na pomisao koliko mora da je patio znajući da je prošlo njegovo vreme i da mora da napusti svoju porodicu. Ali to joj je takođe pomoglo da shvati veličinu svoje majke: samo beskrajna ljubav i duboko poznavanje muža omogućili su joj da izgovori te reči.

* * *

Nakon nekog vremena, sve se postepeno usporilo dok se nije naposletku i zaustavilo, a ona je prestala da bude dim i ponovo postala čvrsta materija, menjajući oblik i postajući Kej.

Uz Kazuinu pomoć stigla je u budućnost, deset godina kasnije. Prvo što je uradila bilo je da pažljivo pogleda unaokolo.

Ogromni stubovi i grede od drveta na plafonu bili su lepe presijavajuće braon boje, poput ljuske kestena. Na zidovima su i dalje bila ona tri velika sata. Zidovi od bež maltera imali su patinu staru više od sto godina: sve joj je izgledalo divno. Zbog prigušene svetlosti koja je čitav kafić bojila u smeđecrvenu boju, čak i danju, gubio se osećaj za vreme. Retro atmosfera u lokalu delovala je utešno. Gore je bio plafonski ventilator, koji se sporo okretao ne praveći buku. Ništa joj nije ukazivalo na to da je stigla u daleku budućnost od deset godina unapred.

Kalendar pored kase pokazivao je 27. avgust, a Kazu, Nagarea i Kotake – koji su trenutak pre toga bili pored nje – sada nije bilo.

Na njihovom mestu stajao je neki čovek u šanku i posmatrao je. Gledala ga je začuđeno. Nosio je belu košulju, crni konobarski prsluk i leptir-mašnu, i imao je kratku kosu pozadi i sa strane. Bilo je jasno da radi u lokalu. Prvo, bio je u šanku, a onda nije ni izgledao iznenađeno kad se Kej odjednom pojavila na *onoj* stolici, zbog čega mora da je poznavao specifičnu prirodu tog mesta.

Čovek je nastavljao da je ćutke posmatra. Neupuštanje u razgovor sa osobom koja samo što se pojavila bilo je upravo ono što je član osoblja trebalo da uradi. Nakon toga čovek je počeo da polira čašu koju je držao u ruci, proizvodeći škripuckavi zvuk. Delovalo je da ima između trideset i četrdeset godina, a izgledao je kao i svaki drugi konobar. Njegovo ponašanje nije bilo nešto posebno prijateljsko, a jedan veliki ožiljak od opekotine pružao se od obrve do desnog uveta, i činio ga pomalo zastrašujućim.

„Ovaj, izvinite..."

Kej obično nije brinula da li je neka osoba pristupačna ili ne. Mogla je da razgovara sa prvim čovekom koji bi naišao i da se prema njemu ponaša kao prema starom prijatelju. Ali u tom trenutku bila je prilično zbunjena i obratila mu se poput strankinje koja pokušava da se snađe s jezikom koji ne govori.

„Ovaj, gde je vlasnik?"

„Vlasnik?"

„Šef kafića... je li tu?"

Čovek u šanku je vratio blistavu čašu na policu.

„Zapravo, to bih bio ja...", odgovorio je.

„Molim?"

„Izvinite, u čemu je problem?"

„Vi? Vi ste šef?"

„Da."

„Ovoga?"

„Da."

„Ovog kafića?"

„Da."

„Stvarno?"

„Tačno tako."

Ali to je nemoguće!

Od iznenađenja, Kej se tromo uhvatila za naslon.

Čoveku nije bilo jasno zašto je ona toliko iznenađena. Prestao je da radi ono što je radio i izašao je iz šanka. „Š… šta nije u redu, zapravo?", pitao ju je, vidno iznerviran. Možda je to bio prvi put da neko tako reaguje na saznanje da je on šef. Ali Kejina reakcija je zaista izgledala preterano.

Kej je mozgala i mozgala, ne bi li šta razumela. Šta se desilo za tih deset godina? Nije uspevala da objasni. Pitala bi ga hiljadu stvari, ali sve joj je bilo zbrkano u glavi, a imala je i premalo vremena na raspolaganju. Kafa bi se ohladila i njeno putovanje u budućnost ničemu ne bi poslužilo. Pokušala je da se pribere i pogledala čoveka koji ju je zapanjeno gledao. *Moram da se smirim.*

„Khm…"

„Da?"

„Šta se desilo sa starim šefom?"

„Starim šefom?"

„Da, sa velikim čovekom sitnih očiju…"

„Ah, sa Nagareom."

„Da, s njim!"

Ako ništa drugo, poznavao je Nagarea. Kej se sasvim nesvesno nagnula ka njemu.

„Nagare je sad u Hokaidu."

„U Hokaidu…"

„Da."

Kej je zatreptala od iznenađenja, morala je još jednom to da čuje. „Stvarno? Hokaido?"

„Da."

„..."

Zavrtelo joj se u glavi. Ništa nije išlo kao što je zamišljala. Nagare joj nikad u životu nije pomenuo Hokaido.

„Ali zašto?"

„Eh, to je pitanje na koje ne bih znao da odgovorim", izvinio se čovek češkajući desnu obrvu.

Više joj ništa nije bilo jasno, ništa nije imalo smisla.

„Oh, da niste možda želeli da vidite Nagarea?"

„..."

Budući da nije ništa znao o Kej, čovek nije pogodio, ali njoj više nije bilo do razgovora. Sve je bilo uzalud. Nikad nije umela da stvari posmatra racionalno: u životu je uvek donosila odluke puštajući da je vodi instinkt. Zbog toga, suočena sa ovakvom situacijom, nikako nije uspevala da shvati šta se desilo, ili kako je to moglo da se desi. Bila je ubeđena da će putujući u budućnost sresti svoje dete, a stvari se nisu tako odvijale. Raspoloženje joj je bilo sve gore, ali je čovek probao još jednom: „Ah, onda ste došli da vidite Kazu?"

„Ah!", povikala je Kej, nazirući u tome tračak nove nade.

Kako joj to nije palo na pamet? Pitala je tog čoveka samo za šefa, a zaboravila je glavnu stvar: Kazu je ta koja ju je podržala da ode u budućnost; ona je ta koja joj je dala obećanje. Nije bilo važno što je Nagare u Hokaidu. Dokle god može da računa na Kazu, nema problema. Kej je pokušala da obuzda uzbuđenje koje je raslo u njoj.

„Šta mi možete reći za Kazu?"

„Molim?"

„Kazu! Je l' Kazu ovde?"

Da joj je čovek bio bliže, Kej bi ga možda uhvatila za okovratnik. Njeno uzbuđenje ga je uplašilo i ustuknuo je korak unazad.

„Dakle, da li je tu ili nije?"

„Ovaj, slušajte…" Čovek je skrenuo pogled, savladan tim rafalom pitanja.

„Istina je… da je i Kazu u Hokaidu", rekao je oprezno.

Onda je gotovo…

Taj odgovor ubio joj je svaku nadu.

„O ne, ni Kazu nije tu?"

Zabrinuto ju je posmatrao jer je izgledala kao da je potpuno sišla s uma.

„Jeste li dobro?", pitao ju je.

Kej ga je pogledala kao da želi da mu kaže: „Zar nije očigledno?", ali on očigledno nije znao ništa o njoj, zato nije imala šta prigovori.

„Da, dobro sam…", odgovorila je utučeno.

Čovek ju je zbunjeno posmatrao i vratio se u šank.

Kej je počela da mazi stomak.

Ne znam zašto je tako, ali ako njih dvoje jesu tamo u Hokaidu, možda je sa njima i moje dete… Čini mi se da neću uspeti da ga upoznam.

Naslonila se na sto pognutih leđa. U svakom slučaju, bila je to lutrija. Da je sreća bila na njenoj strani, ona bi videla svoje dete, i Kej je to znala. Da je bilo lako sresti ljude u budućnosti, mnogi bi onda probali.

Na primer, da su Fumiko i Goro obećali jedno drugom da će se naći u kafiću za tri godine, onda bi vrlo verovatno i uspeli. Ali u tom slučaju Goro bi morao obavezno da održi svoje obećanje. Bilo je toliko razloga zbog kojih se takvo obećanje nije moglo održati. Mogao je da ostane zarobljen u saobraćaju ili da se zaglavi u ulici koja zatvorena zbog radova. Mogao je da zastane i zatraži smernice ili da se izgubi. Mogao je da padne iznenadni pljusak ili da se desi elementarna nepogoda. Mogao je da zaspi ili da pogreši vreme sastanka. Drugim rečima, budućnost je uvek nepoznata.

Imajući to u vidu, šta god da je bio razlog zbog kog su Nagare i Kazu bili u Hokaidu, ubrajalo se u spektar mogućnosti. Hokaido se nalazio hiljadama kilometara dalje i bio je šok saznati da su se preselili tako daleko. Ali i da su bili na stanicu vozom odatle, opet ne bi stigli na vreme da se vrate u lokal pre nego što se kafa ohladi.

Čak i kad bi po povratku u sadašnjost ispričala kako su se stvari odvijale, njihovo preseljenje u Hokaido bi se svakako desilo. Kej je dobro poznavala pravilo. Sreća joj je okrenula leđa, to je to. Razmišljala je tako i počela da se smiruje. Uzela je šoljicu i otpila gutljaj. Kafa je još uvek bila prilično topla. Brzo je menjala raspoloženje, bio je to još jedan od njenih darova za srećan život. Mogla je da prolazi kroz prilično loše trenutke, ali oni nikad ne bi trajali predugo. Bila je prava šteta što nije mogla da vidi svoje dete, ali bar nije imala zbog čega da se kaje. Zadovoljila je svoju želju i uspela je da dođe u budućnost. Nije bila ljuta na Kazu i Nagarea, jer su sigurno imali dobar razlog. Bilo je nezamislivo da nisu uradili sve što je bilo u njihovoj moći da dođu da je vide.

Mi smo razmenili obećanja pre samo nekoliko minuta, ali ovde je prošlo deset godina. Pa, dobro, ja tu ne mogu ništa! Kad se vratim, uvek mogu da kažem da smo se videli…

Kej je krenula da uzme posudu sa šećerom pored šoljice.

Ding-dong

Spremala se da zašećeri kafu kada se začulo zvono na vratima i malo je falilo da izusti ono njeno uobičajeno: „Dobar dan, dobro došli!“ Bila je to moć navike.

Kej se ugrizla za usnu i pogledala ka ulazu.

„Ah, ti si!“, rekao je čovek.

„Ćao, vratila sam se“, odgovorila mu je devojka koja je delovala kao srednjoškolka, mogla je imati četrnaest ili petnaest godina. Nosila je letnju garderobu, belu bluzu bez rukava, teksas šorts i pletene sandale. Kosa joj je bila pokupljena crvenom šnalom.

O… ona devojka od pre neki dan.

Kej ju je prepoznala čim ju je ugledala. Bila je to ona devojka koja je došla iz budućnosti da se slika sa njom. Tad je bila obučena u zimsku odeću i imala je kratku kosu, zato je izgledala malo drugačije. Ali Kej je ostala omađijana njenim tako krupnim i nežnim očima.

Dakle ovde smo se srele.

Kej je klimnula i prekrstila ruke. Tog dana joj se činilo čudno što ima gosta kog ne poznaje, ali sada je sve imalo smisla.

„Mi smo se slikale zajedno, zar ne?", pitala je devojku.

Ali devojka ju je začuđeno gledala.

„Izvinite, o čemu govorite?", odgovorila joj je.

Kej je shvatila da je pogrešila.

O, tačno je...

Devojka mora da je došla nakon tog susreta, i u tom trenutku njeno pitanje sigurno je zvučalo čudno.

„O, zanemari, mora da sam pogrešila", ispravila se osmehnuvši joj se. Ali devojka je delovala uznemireno. Blago je nakrivila glavu i nestala pozadi.

„Dobro, sad se osećam bolje", pomislila je Kej.

Sad je bila mnogo srećnija. Došla je iz budućnosti da bi otkrila da Kazu i Nagare više nisu tu, i da ih je zamenio čovek kog nije poznavala. U prvi mah bilo joj je krivo što se vratila unazad a ništa nije uradila, međutim, kada se devojka pojavila, sve se promenilo.

Dodirnula je šoljicu kako bi proverila temperaturu. „Moramo da se sprijateljimo pre nego što se kafa ohladi." Na tu pomisao, neka vrsta ohrabrujuće euforije ispunila joj je srce: susret dve osobe koje deli deset godina.

Devojka se ponovo pojavila.

„Oh...“

Nosila je na sebi bordo kecelju.

To je kecelja koju sam ja nosila!

Kej naravno nije zaboravila svoj prvobitni cilj, ali nije bila tip osobe koji bi se po svaku cenu držao stvari koje se naprosto ne mogu dogoditi. I tako je promenila svoje planove i odlučila da se sprijatelji sa tom zanimljivom devojkom. Čovek je provirio iz kuhinje i pogledao u devojku sa keceljom.

„O, danas nema potrebe da radiš... osim toga, tu je samo jedna gošća.“

Ali devojka se nije obazirala na to.

Čovek nije insistirao i vratio se u kuhinju, dok je devojka počela da briše šank.

Hej, pogledaj ovamo!

Kej je očajnički pokušavala da joj privuče pažnju klateći se levo-desno, međutim, izgledalo je kao da devojka ne namerava da podigne glavu.

Ako radi ovde, možda je šefova ćerka?

Kej se nije dala obeshrabriti te je razmotrila nekoliko opcija.

Drin-drin... Drin-drin.

Iz prostorije pozadi se u najbitnijem trenutku začulo zvono telefona.

„Idem..." Kej je u trenu osetila da mora da se bori sa davnašnjom navikom da se javi na telefon. Možda je prošlo i deset godina, ali zvuk je ostao isti.

Hej... Pazi... Malo je falilo...

Zamalo da prekrši pravilo i ustane sa stolice. Da je to uradila, ali odmah bi se vratila u sadašnjost.

Čovek je izašao iz kuhinje vičući: „Ja ću!" i otrčao da odgovori. Kej je s olakšanjem udahnula teatralno obrisavši čelo.

„Da, izvolite? O, ćao! Da, ovde je... U redu, sačekaj trenutak, sad ću da je pozovem...", čula ga je kako govori.

Trenutak kasnije čovek je izašao iz prostorije pozadi i odneo telefon Kej.

„Ha?"

„Telefon", rekao joj je pružajući joj slušalicu.

„Za mene?"

„Nagare je."

Čuvši Nagareovo ime, Kej je u momentu uzela slušalicu.

„Ćao, zašto si u Hokaidu? Hoćeš li mi objasniti šta se dešava?", rekla mu je toliko glasno da je svuda u lokalu odzvanjalo.

Čovek ju je zbunjeno posmatrao, ne shvatajući situaciju, a onda se vratio u kuhinju.

Devojka je delovala nezainteresovano za ono što Kej govori i nastavila je da radi ono što je i radila.

„Šta? Nema vremena? Ja sam ta koja nema vremena!" Kafa je nastavljala da se hladi čak i dok su njih dvoje razgovarali preko telefona. „Strašno loše te čujem! Šta?" Levom rukom je držala telefon, dok je desnom prekrivala slobodno uvo. Iz nekog razloga, veza je bila loša i bilo je teško razumeti reči.

„Šta? Srednjoškolka?" Kej je nastavljala da ga pita da ponovi. „Da, ovde je. Ista ona koja je došla u kafić pre nekoliko nedelja: došla je iz budućnosti da bi se slikala sa mnom. Da, da, i onda?" I dalje je postavljala pitanja gledajući u devojku, koja se u tom trenutku iznenada zaustavila, ali i dalje nije dizala pogled.

„Zbog čega li je samo tako nervozna?", zapitala se Kej nastavljajući da priča sa Nagareom. To pitanje joj je sve vreme bilo na pameti, ali je morala da se usredsredi na važne informacije koje joj je saopštavao muž.

„Rekla sam ti da te strašno loše čujem. Ha? Šta? Ova devojka?"

Naša ćerka?

Baš u tom trenutku sat u sredini zida počeo je da zvoni, *ding--dong, ding-dong*… deset puta.

Tada je Kej shvatila da uopšte nije bilo tri po podne, već deset ujutru, i osmeh sa usana joj se ugasio.

„Ah, dobro, u redu", tiho je rekla spustivši telefon na sto.

Samo trenutak ranije jedva je čekala da razgovara sa njom, međutim, sada je bila prebledela, pogleda iznenada lišenog osmeha, a i devojka je delovala prilično uplašeno. Kej je ponovo proverila temperaturu šoljice. Bila je topla, imala je još vremena.

Okrenula se i ponovo pogledala devojku.

Moja devojčica...

Iznenadno saznanje da se nalazi licem u lice sa ćerkom smesta ju je savladalo. Šuštanje je remetilo razgovor, ali poruka je stigla, jasna i glasna.

Htela si da stigneš u budućnost, deset godina kasnije u petnaest časova, ali izgleda da je došlo do neke greške i putovala si petnaest godina unapred. Izgleda da se pomešalo deset godina u petnaest sati i petnaest godina u deset sati. Saznali smo za to kad si se vratila iz budućnosti, ali sada smo u Hokaidu višom silom, što ti neću sad objašnjavati jer vreme teče. Devojka koja je pred tobom je naša ćerka. Pošto nemaš još mnogo vremena, dobro pogledaj našu lepu ćerku i vrati se kući.

Potom je Nagare požurio da prekine vezu kako ona ne bi gubila vreme. Saznavši da je devojka pred njom njena ćerka, Kej odjednom nije znala više kako da joj se obrati.

Više nego zbunjenost i paniku, osećala je veliko kajanje.

Razlog njenog kajanja bio je veoma jednostavan. Devojka je morala znati da je ona njena majka, u to nije bilo sumnje. Međutim, Kej je mislila da je ona ćerka nekog drugog, s obzirom na njene godine. Iako do tog trenutka nije primećivala, sada je Kej odjednom čula otkucaje satova na zidu, koji kao da su joj govorili: „*Tik-tak tik-tak*, kafa se hladi!". I zaista jeste ostalo sasvim malo vremena.

Ali činilo joj se da na namrštenom licu devojke može da pročita odgovor na pitanje koje nije uspevala da joj postavi: „Opraštaš li mi što sam uspela samo da te donesem na svet?“ Stegnutog srca, naterala se da smisli šta bi mogla da joj kaže.

„Kako se zoveš?“, pitala ju je.

Ali devojka je pognula glavu ne odgovorivši.

„...“

Kej je to ponašanje razumela kao potvrdu njenih najgorih strepnji. Ne uspevajući više ni sama da se nosi sa tom tišinom, i ona je pognula glavu. Ali onda...

„Miki...“, tužno je prošaputala devojka.

Kej je želela da je pita još hiljadu stvari, ali je po Mikinom glasu zaključila da joj nije do priče sa njom.

„Miki, kako lepo ime...“, bilo je sve što je uspela da joj odgovori.

Miki nije ništa rekla, ali ju je pogledala kao da joj se nije dopala njena reakcija i otrčala je da se zatvori u prostoriju pozadi. Baš tom trenutku, čovek se pojavio iz kuhinje.

„Miki, je li sve u redu?“, pitao ju je, ali ga Miki nije udostojila ni pogleda i nestala je u prostoriji pozadi.

Ding-dong

„Dobar dan, dobro došli!“

Trenutak nakon toga, u kafić je ušla žena u beloj bluzi sa kratkim rukavima, crnim pantalonama i sa bordo keceljom. Mora da je trčala po vrućini jer je bila bez daha i obilno se znojila.

„Ah!“, uzviknula je Kej prepoznavši je. Ako ništa drugo, ona je još uvek bila prepoznatljiva.

Posmatrajući tu zadihanu ženu, Kej je shvatila koliko je zapravo mnogo vremena petnaest godina. Bila je to Fumiko Kijokava, ista ona od malopre, koja je istog onog dana Kej pitala kako je. Nekada je bila mršava, a sada je bila zaokrugljena.

Fumiko je primetila da nema Miki. „Gde je Miki?“, pitala je čoveka.

Očigledno je znala da će Kej doći toga dana u to vreme. U njenom glasu jasno se osećao zvuk hitnosti i čovek se uznemirio zbog tona njenog glasa.

„Pozadi je“, odgovorio je ne shvatajući šta se dešava.

„Ali zašto?“, pitala je udarivši pesnicom o šank.

„Šta?“, odsečno je uzviknuo, češkajući ožiljak kod desne obrve, kao da je osetio da je to njegova krivica.

„Ne mogu da verujem“, uzdahnula je Fumiko gledajući u čoveka. Ali već se dovoljno osećala krivom što je zakasnila na tako važan sastanak i nije želela da gubi još vremena na beskorisne optužbe.

„I sada ti vodiš kafić, zar ne?“, tiho ju je upitala Kej.

„Ovaj, da“, odgovorila joj je Fumiko gledajući je u oči. „Jesi li pričala sa Miki?“

Bilo je to tako direktno pitanje da je Kej u trenutku bilo toliko neprijatno da je spustila pogled.

„Jeste li bar malo pričale?“, bila je uporna Fumiko.

„Oh, ne bih znala šta da ti kažem…“, promrmljala je Kej.

„Sad ću da odem tamo i da je pozovem."

„Ne, sve je u redu!", povikala je Kej sprečivši Fumiko, koja samo što nije zakoračila u stražnju prostoriju.

„Zašto tako kažeš?"

„Meni je i ovo dovoljno", odgovorila joj je Kej slegnuvši ramenima. „Videle smo se licem u lice."

„Daj, hajde…"

„Nije mi izgledalo da ima baš veliku želju da me upozna…"

„O, to nije tačno!", usprotivila se Fumiko. „Miki je jedva čekala da te upozna. Toliko dugo je čekala ovaj dan…"

„Plašim se da sam je rastužila."

„Da, bilo je mnogo trenutaka tuge, to je tačno."

„Da, pretpostavila sam…"

Fumiko je videla kako poseže za šoljicom.

„I želiš tek tako da se vratiš unazad i ostaviš stvari takvima kakve su?", pitala je s obzirom na to da joj je bilo jasno da ne može da je nagovori da ostane.

„Možeš li da joj kažeš da mi je žao…?"

Fumiko se to nije dopalo. „Ali to bi bilo kao… ne, apsolutno ne verujem da to misliš. Žao ti je što si donela Miki na svet? Ne shvataš da, ako joj kažeš da ti je žao, onda znači da smatraš greškom to što si je rodila?"

Ali ja je još uvek nisam rodila, ne još. Ali nikad ne bih dovela u pitanje svoju odluku da to uradim.

Videvši da Kej tokom celog odgovora energično vrti glavom, Fumiko je rekla: „Čekaj sekund, sad ću da je pozovem. Miki!"

Kej je ostala bez teksta.

„Idem i odmah se vraćam."

Ne čekajući odgovor, Fumiko je nestala pozadi, dobro znajući da je ostalo još vrlo malo vremena.

„Hej, Fumiko", zvao ju je čovek prateći je u prostoriju pozadi.

O bože, šta treba da uradim?

Ostavši tako sama, Kej je gledala u kafu pred sobom.

Fumiko je u pravu, ali sad mi je još teže da smislim šta treba da joj kažem.

Potom se Miki pojavila; Fumiko ju je držala za ramena.

Ali umesto da gleda u Kej, Miki je gledala u pod.

„Hajde, draga, nemoj da protraćiš ovaj trenutak", ohrabrivala ju je Fumiko.

Miki...

Kej je želela da izgovori njeno ime glasno, ali iz njenih usta nije izašao ni glas.

„U redu, onda", rekla je Fumiko sklonivši ruke sa Mikinih ramena. Potom je pogledala Kej i vratila se pozadi.

Miki nije podizala pogled sa poda.

Definitivno moram nešto da joj kažem...

Kej je sklonila ruku sa šoljice i uzela vazduha. „Jesi li dobro?", pitala ju je.

Miki je podigla pogled i pogledala Kej. „Da“, odgovorila je kolebljivo.

„Pomažeš ovde u kafiću?“

„Da.“

Miki je kratko odgovarala, a Kej se strašno mučila kako da nastavi razgovor.

„Nagare i Kazu su oboje u Hokaidu?“

„Da.“

Miki je opet skrenula pogled i odgovarala sve tiše. Izgledalo je kao da ne želi da priča.

Bez razmišljanja, Kej ju je upitala: „A zašto si ti ostala ovde?“

Uuuups...

Kej se istog trenutka kad su joj reči skliznule sa usana pokajala zbog tako direktnog pitanja i postiđeno je spustila pogled. Nadala se da je ćerka ostala namerno da bi se srela sa njom, bilo je očigledno, ali shvatila je koliko je bezosećajno zvučalo ovako direktno pitanje. Ali onda je Miki progovorila.

„Pa, vidiš...“, nežno je odgovorila, „ja spremam kafu za osobe koje želele da sednu na *tu* stolicu.“

„Spremaš kafu?“

„Da, kao što je Kazu uvek radila.“

„Oh.“

„To je sada moj posao.“

„Stvarno?“

„Da, tako je.“

Ali u tom trenutku se razgovor odjednom prekinuo. Miki nije znala šta više da kaže i ponovo je oborila pogled. Kej nije uspevala da pronađe reči, ali postojalo je nešto što je želela da je pita po svaku cenu.

To što sam te donela na svet jedina je stvar koju sam uradila za tebe. Možeš li to da mi oprostiš?

Ali kako je mogla da joj traži da joj oprosti? Prouzrokovala je toliko patnje.

Zbog Mikine reakcije, pomislila je da je bila sebična što je želela da otputuje u budućnost.

Bolje da nisam ni dolazila.

Bilo je previše bolno gledati je, zbog čega je Kej usmerila pogled u šoljicu pred sobom.

Površina kafe blago je podrhtavala, bez one vrele pare. Sudeći po temperaturi šoljice, nije joj ostalo još mnogo vremena do povratka.

Šta sam došla da uradim? Koji je bio smisao doći iz prošlosti? Sada sve deluje tako bez poente… Jedino što sam postigla jeste da Miki još više pati. Kad se budem vratila u prošlost, Mikina patnja svakako neće nestati, šta god ja uradila. To ne može da se promeni. Uzmi Kotake za primer: vratila se u prošlost, ali se Fusagi nije izlečio. I na isti način Hiraj nije mogla da spreči smrt svoje sestre. Kotake je uspela da primi pismo, dok je Hiraj srela svoju sestru. Fusagijeva bolest i dalje napreduje, a Hiraj više nikad neće videti svoju sestru. I za mene važi isto. Ne postoji ništa što mogu da uradim da promenim petnaest godina tokom kojih je Miki živela pateći.

Iako joj se želja da ode u budućnost ispunila, sada se osećala još očajnije.

„Pa, ne smem da dopustim da se kafa ohladi…“, rekla je Kej uzimajući šoljicu.

Bilo je vreme da se vrati nazad.

Ali u baš tom trenutku čula je kako joj se približavaju koraci. Miki je išla ka njoj.

Kej je ostavila šoljicu i zagledala se u ćerkine oči.

Miki…

Kej nije znala šta joj je na umu, ali nije mogla da skine pogled sa nje. Bila joj je tako blizu da je mogla da je dotakne.

Miki je duboko udahnula i rekla drhtavim glasom: „Malopre… kada si rekla Fumiko da ne želim da te sretnem… Ovaj, to nije tačno.“

Kej je upijala svaku reč.

„Uvek sam mislila da ću, ako te sretnem, želeti da pričam sa tobom…“

I Kej je želela nju da pita bezbroj stvari.

„Ali kada se to stvarno dogodilo, nisam znala šta da kažem.“

Baš kao ni ona, ni Kej nije znala šta da kaže. Ko zna kako se Miki oseća, sirotica. A još nije uspevala da pretoči u reči svojih hiljadu pitanja.

„I da… bilo je mnogo tužnih trenutaka, to je tačno.“

Kej je to mogla da pretpostavi: sama pomisao na to da je sama stezala joj je srce.

Žao mi je što ne mogu da te poštedim tih tužnih trenutaka.

„Ali...“, Miki se stidljivo osmehnula, prišla korak bliže i dodala, „mnogo sam srećna zbog života koji si mi dala.“

Trebalo je hrabrosti da se to izgovori. I sigurno da je Miki trebalo mnogo hrabrosti da iskaže svoja osećanja majci koju je tek upoznala. Glas joj je bio nesiguran, ali je prenosio njena iskrena osećanja. Kejine su se oči ispunile suzama.

„Ali... ja ti nisam dala ništa... to što sam te donela na svet jedina je stvar koju ću ikada moći da ti pružim.“

I Miki je briznula u plač, a onda je obrisala suze obema rukama i nežno joj se osmehnula.

„Mama...“, rekla joj je uzbuđenim i nervoznim glasom, ali Kej je te reči čula veoma jasno.

Miki ju je nazvala *mamom*.

Kej je pokrila lice rukama, a ramena su joj podrhtavala dok je plakala.

„Mama...“

Čuvši da je i dalje doziva, Kej se najednom pribrala: bilo je vreme da se oprosti.

„Reci, dušo...“, Kej je podigla pogled i osmehnula se, pokazujući Miki da su osećanja obostrana.

„Hvala“, rekla je Miki sa svojim najširim osmehom i prstima nameštenim u slovo V, „hvala što si me rodila, hvala...“

„Miki...“

„Mama...“

U tom trenutku Kejino se srce ispunilo srećom: bile su majka i ćerka. Nije bila samo roditelj, bila je majka devojke koja je stajala pred njom. Nije više mogla da zadrži suze.

Konačno sam shvatila.

Sadašnjost se nije promenila za Kotake, ali ona je svima zabranila da je oslovljavaju devojačkim prezimenom i promenila je svoje ponašanje prema Fusagiju. Ostaće sa njim i nastaviće da bude njegova žena, iako je nestala iz njegovog sećanja. Hiraj je ostavila svoj uspešni bar da bi se vratila kod porodice, i dok je ponovo gradila odnose sa svojima, učila je od nule kako se na tradicionalni način upravlja hotelom.

Sadašnjost se ne menja.

Fusagijevo stanje se nije nimalo promenilo, ali je Kotake naučila kako da uživa u razgovoru sa njim. Hiraj je izgubila sestru, ali je slika koju je poslala u kafić pokazivala da je srećna i nasmejana zajedno sa svojim roditeljima.

Sadašnjost se nije promenila, ali te dve osobe jesu. Kotake i Hiraj su se vratile u sadašnjost izmenjenog srca.

Kej je nežno zažmurila.

„Bila sam toliko usredsređena na ono što ne mogu da promenim, da sam zaboravila najvažniju stvar."

Fumiko ju je zamenila i bila uz Miki svih tih petnaest godina. Nagare je bio prisutan otac, pružio joj je ljubav i sigurno je učinio sve što je mogao da nadoknadi njeno odsustvo. Čak je i Kazu pružila ljubav i nežnost Miki, trudeći se da joj bude i majka i starija sestra. Shvatila je da su svih tih petnaest godina oko Miki bile sve te osobe pune ljubavi, ne želeći ništa drugo sem da ona bude srećna.

Hvala što si porasla u tako zdravu i vedru devojku. Samo to mi je dovoljno da budem srećna. Samo to želim da ti kažem... tako osećam u dubini svoje duše.

„Miki...“

Obraza mokrih od suza, Kej se nasmešila najšire što je mogla. „Hvala tebi što si mi ukazala čast da te rodim.“

Kej se u suzama vratila iz budućnosti. Ali svima je odmah bilo jasno da to nisu suze tuge.

Nagare je s olakšanjem odahnuo, a Kotake briznula u plač.

Međutim, Kazu se nasmešila s takvom nežnošću da je izgledalo kao da je i ona prisustvovala onoj sceni.

„Dobro došla kući“, rekla joj je.

Sutradan su Kej primili u bolnicu i u proleće je rodila zdravu devojčicu.

Članak u novinama o urbanoj legendi o kafiću završavao se ovako: „Sve u svemu, bilo da se osoba vrati u prošlost ili otputuje u budućnost, sadašnjost se svakako ne menja. I onda se postavlja logično pitanje: koja je onda svrha *te* stolice?“

Kazu je i dalje ubeđena da, ako žele, ljudi uvek mogu pronaći snagu da prevaziđu sve poteškoće koje se pred njih postave. Potrebno je samo srce. A ako *ta* stolica ima moć da menja srce osoba, onda sigurno mora imati i svrhu.

Ali sa svojim uobičajenim, savršeno mirnim izrazom lica, ona će samo reći: „Bitno je da se kafa popije dok je topla.“

O AUTORU

Tošikazu Kavaguči je rođen u Osaki, u Japanu, 1971. godine. Radio je kao producent, režiser i dramaturg. Njegova knjiga *Dok se kafa ne ohladi* samo u Japanu prodata je u više od milion primeraka, a ubrzo je postala svetski izdavački fenomen i osvojila čitaoce u svim zemljama u kojima je objavljena.

Tošikazu Kavaguči
DOK SE KAFA NE OHLADI
2022.
I izdanje

Za izdavača
Miroslav Josipović
Nenad Atanasković
Saša Petković

Izvršni urednik
Tamara Petković

Urednik
Svetlana Babović

Lektura i korektura
Vulkan izdavaštvo

Dizajn korica / Prelom
Milica Radojević / Vulkan izdavaštvo

Štampa
Vulkan štamparija
Vojvode Stepe 643a, Beograd

Izdavač
Vulkan izdavaštvo d.o.o.
Gospodara Vučića 245, Beograd
office@vulkani.rs
www.vulkani.rs

Tiraž: 1.000 primeraka

CIP – KATALOGIZACIJA U PUBLIKACIJI
dostupna je u Narodnoj biblioteci Srbije, Beograd

COBISS.SR-ID 70591497